INSURRECTION DE NAPLES

EN 1647.

CORBEIL, impr. de CRETÉ.

INSURRECTION DE NAPLES

EN 1647

ÉTUDE HISTORIQUE

DE

DON ANGEL DE SAAVEDRA, DUC DE RIVAS,

Ambassadeur d'Espagne près S. M. le Roi des Deux-Siciles.

OUVRAGE TRADUIT DE L'ESPAGNOL

Et précédé d'une Introduction

PAR

LE BARON LÉON D'HERVÈY DE SAINT-DENYS.

TOME SECOND.

PARIS : AMYOT, RUE DE LA PAIX.

1849

LIVRE SECOND.

TORALDO. — ANNESE. — LE DUC DE GUISE.

—

SUITE.

CHAPITRE VIII.

La publication solennelle de la constitution laissa
respirer Naples quelques jours, mais elle ne rétablit
pas la tranquillité.

Le pouvoir légitime était loin d'avoir recouvré l'ascendant qu'on espérait lui rendre, la populace armée
continuant d'obéir aux chefs de la révolte et demeurant prête à renouveler les mêmes scènes sanglantes
et tumultueuses, suivant le bon plaisir de ceux qui
gouvernaient de fait. La majorité des Napolitains sou-
haitait ardemment le maintien de l'ordre, sachant
bien que c'est la première richesse et le premier besoin de la société; mais la minorité, composée des
gens qui ne pouvant rien perdre, ont tout à gagner
dans les troubles, ne songeait qu'à ranimer le mouvement. Or, comme toute minorité turbulente do-

mine nécessairement une pacifique majorité , la
fermentation des esprits les plus remuants présage
bientôt de nouvelles tempêtes. Des placards et des
pasquinades sans nombre attribuaient aux Espagnols
des projets de réaction et de vengeance. Mille bruits
alarmants, mille contes absurdes mais d'un effet sûr
circulaient dans les groupes. L'élu du peuple crut
devoir publier le 11 septembre un édit portant peine
de mort contre les auteurs d'affiches et les orateurs
de carrefours, et promettant une prime de deux mille
ducats aux délateurs. Pour les émissaires étrangers qui
pullulaient à Naples, le vice-roi espéra les atteindre
en enjoignant aux Français, aux Piémontais, aux Sa-
voyards et aux Siciliens , de quitter la ville sous
trois jours, à moins qu'ils ne l'habitassent depuis
deux années révolues. Il confirma en même temps les
priviléges accordés aux tisseurs de soie, au grand
mécontentement des marchands ; régla le prix des
denrées, ravitailla les châteaux, et en augmenta les
fortifications en attendant l'arrivée de la flotte espagnole: Une circonstance grave stimula d'ailleurs sa
vigilance: nous voulons parler de la découverte de
plusieurs lettres écrites en chiffres par certains chefs

populaires, à l'ambassadeur de S. M. Très-Chrétienne près le Saint-Siége. L'occasion était signalée comme très-favorable pour s'emparer facilement du royaume, et le duc craignait à chaque instant de se voir attaqué par les Français.

Le 12, une felouque lui apprit que la flotte commandée par le fils naturel du roi d'Espagne était retenue par des vents contraires à la hauteur de l'île de Sardaigne. Cet avis déconcerta le duc et troubla beaucoup la joie qu'aurait dû lui causer l'approche d'un secours si désiré. On résolut dans le conseil de tenir la nouvelle secrète, mais le 18 elle commença à transpirer, en produisant sur la population des impressions bien diverses. Les uns (c'était le plus grand nombre) se réjouissaient de l'arrivée de ces forces qui devaient dans leur opinion rétablir et assurer l'ordre pour longtemps ; mais les agitateurs de profession et ceux des chefs populaires qui ne voulaient point redescendre dans l'humble sphère d'où les avait tirés l'insurrection et que les fumées du pouvoir enivraient encore, pressèrent le général Toraldo de s'entendre avec le vice-roi pour prévenir de plus grands malheurs en faisant arrêter la flotte à Gaëte.

Le vice-roi répondit qu'une flotte envoyée directement sous les ordres d'un prince royal n'avait aucun ordre à recevoir de lui; et ce refus mécontenta vivement la populace qui commença dès lors ouvertement ses préparatifs de résistance, en pourvoyant largement d'armes, de vivres et de munitions, la tour de San Lorenzo, celle du Carmel et les autres positions en son pouvoir.

De son côté, le duc d'Arcos qui puisait un peu de courage dans l'espoir de recevoir de prompts secours, faisait fortifier entre Castelnuovo et l'arsenal quelques édifices dont l'occupation récente par les insurgés avait rompu les communications de deux postes importants. Les travaux furent entrepris le 22 septembre, et l'inquiétude populaire se manifesta sur-le-champ.

Les rassemblements grossissaient d'une façon menaçante; l'émeute, pour éclater, n'attendait plus qu'un prétexte. Il ne tarda guère à se présenter : ce fut l'arrestation du *Pione*, le compagnon de Masaniello, le chef de l'une de ces mascarades auxquelles la sédition devait son origine, et l'un de ceux qui l'avaient illustrée par les plus horribles atrocités. L'exaltation devint agressive; elle se tourna tout d'abord contre un chef plébéien, nommé Milone, coupable d'avoir gardé chez lui le dangereux prisonnier, et déjà mal vu depuis longtemps comme partisan de la paix. Les masses se ruèrent vers sa demeure, jurant de le tuer et de massacrer ensuite le vice-roi et tous les Espagnols (1).

Le duc d'Arcos eut alors recours à l'élu du peuple pour conjurer une tempête renaissante, qu'un seul coup de canon aurait sans doute dissipée à tout jamais. Il s'adressa également à Desio, et ces deux personnages calmèrent en effet l'agitation. Mais à quel prix?... en déclarant que tous les travaux de fortification seraient suspendus; en remettant le prisonnier en liberté sur la place publique, avec de respectueuses excuses, et l'assurance donnée à la plèbe que l'arrestation du *Pione*, ayant eu lieu à l'insu de l'autorité supérieure, les auteurs en seraient sévèrement punis. Grâce à de si dignes et si énergiques mesures, l'émeute voulut bien se tenir pour satisfaite; les bandes peu nombreuses qui la composaient

(1) De Santis.

se dispersèrent très-énorgueillies de leur succès. —
Et le vice-roi avait à quelques milles une flotte commandée par un prince espagnol! il avait à sa disposition des troupes sûres, indignées d'une faiblesse si
misérable! il avait dans son parti la majorité d'une
population lasse de sédition et de désordre!

Le jour suivant, la tranquillité fut encore troublée,
et cette fois par deux capucins qui, prêchant suivant
la coutume sur la place du Marché, en profitèrent
pour fanatiser leur auditoire. Mais le mouvement
n'ayant point trouvé d'écho dans les faubourgs s'ar-
rêta bientôt de lui-même. Les prédicateurs, un beau-
frère de Masaniello, et le *Pione*, arrêté de nouveau,
furent conduits secrètement à Castelnuovo, dont ils
ne devaient plus sortir (1).

Giuseppe Palumbo figurait avec plus ou moins
d'initiative dans toutes ces mutineries, suivant que le
lui conseillait son infaillible sagacité; mais, fidèle
au système de ne jamais jouer le premier rôle, il se
contentait d'une influence secondaire moins périlleuse et plus durable.

(1) De Santis. — Capecelatro, M. S. — Raphaël de Turris.

Celui qui, depuis la mort de Masaniello, ambitionnait ardemment l'héritage du chef suprême de l'insurrection, c'était le maître arquebusier Gennaro Annese. S'appuyant sur un parti puissant, il ne s'était soumis que de mauvaise grâce à la suprématie de Toraldo, et il avait conservé le commandement absolu de la tour du Carmel, cette citadelle du peuple, ainsi que le gouvernement du faubourg de Lavinaro, le plus turbulent de tous. Insolent autant que poltron, habile à forger les nouvelles les plus alarmantes, comme les calomnies les plus perfides contre ses rivaux, cet homme s'opposait avec opiniâtreté à toute proposition conciliatrice, et poursuivait de sa haine tous ceux qui parlaient de modération. Épiant continuellement les occasions d'entretenir le désordre, il ne laissa point échapper celle qui s'offrait à lui le 30 septembre au matin.

Il avait déjà refusé de laisser partager entre les magasins et les forts, une partie de l'énorme provision de poudre, amoncelée dans les caveaux de la tour du Carmel, au grand danger des quartiers environnants. Le capitaine général et l'élu du peuple en ayant fait enlever néanmoins une certaine quantité, destinée au château Saint-Elme, Annese souleva ses créatures de Lavinaro, attaqua le convoi, dispersa l'escorte, et ramena les chariots à leur point de départ.

Toraldo, Desio, Arpaja, et les autres chefs populaires étaient en conférence à Saint-Augustin, lorsqu'on vint leur annoncer cette expédition qui mettait en émoi la ville entière. Desio, l'œil enflammé, le visage empourpré de colère, se tourna vers le prince et lui dit: *A quel jeu jouons-nous?... A quoi bon travailler ici au rétablissement de la paix, si d'autres la violent ouvertement avec impudence?... de tels attentats exigent un prompt châtiment.* — Don Francesco Toraldo sentait toute l'impuissance de la situation; aussi se borna-t-il à répondre en haussant les épaules : *Messire l'élu, qui a plus de pouvoir que moi, vous dictera les mesures à prendre les plus opportunes.* — Arpaja bondit sur son siége. Sans calculer la portée de ses paroles, sans réfléchir aux oreilles qui l'écoutent, il s'écrie d'une voix furibonde : « *Eh bien! qu'on fasse tuer ce vagabond; pour ma part, je promets deux cents écus d'or à celui qui nous rendra ce service.*» Et il sort précipitamment comme s'il redoutait les conséquences d'un si grave incident.

Au même instant Gennaro Annese entrait à Saint-Augustin et se montrait au fond de la nef opposée. Pannarella, chef du faubourg de la Congeria, animé par ce qu'il vient d'entendre, encouragé d'ailleurs par l'esprit qui règne dans la junte, tire son poignard et se précipite sur lui. Annese ne doit la vie qu'à l'intervention des moines, qui détournent le fer; mais sa terreur est si grande qu'il se blottit tout tremblant sous la charpente de l'orgue. Bientôt il s'échappe par une porte dérobée, et court demander vengeance à Lavinaro.

L'élu se dirigeait vers la place du Marché lorsque la rumeur publique lui apprit ce qui s'était passé. La prudence lui défendait de s'aventurer plus loin : il regagna donc le faubourg de Sainte-Lucie qui lui était dévoué.

Quant à Pannarella, désespéré d'avoir manqué son coup, il offrit de mettre immédiatement sur pied tout le district de la Congeria, et d'assaillir celui de Lavinaro, asile et quartier général de cette lie populaire qui troublait continuellement le repos de la cité et qui rendait impossible toute tentative d'accommodement. Desio approuva vivement ce projet en se chargeant lui-même de soulever les hauts faubourgs.

Partout on crie aux armes, partout les cloches s'é-branlent ; la ville entière est en mouvement. Tandis que les habitants de Lavinaro organisent leur défense, soutenus par ceux du Carmel et de la Marinella qui font cause commune avec eux, les populations de la Congeria, de Virgini, de San-Giovanni et de Porta-Capuana se préparent résolûment à les atta-quer. Tout est prêt pour le combat. Les insurgés, divisés en deux camps, vont s'égorger entre eux ; ceux que commandent Desio et Pannarella, plus nombreux et plus intéressés à l'ordre que leurs ad-versaires, sont décidés à les exterminer sans miséri-corde, en détruisant de fond en comble leurs fau-bourgs. Les factions rivales sont enflammées d'une haine aveugle ; elles oublient complétement qu'hier encore elles combattaient pour la même cause, solidaires des mêmes tendances et des mêmes crimes.

Le duc d'Arcos croit l'instant venu d'assurer enfin sa vengeance et son triomphe. Il ordonne aux gouver-neurs des châteaux de pointer leur artillerie ; il dis-pose les garnisons pour faire, en temps voulu, la plus vigoureuse sortie, et tomber à l'improviste sur la populace désunie.

Des ruisseaux de sang allaient donc inonder la ville. Les faubourgs qui semblaient demeurer neutres n'en apprêtaient pas moins leurs armes pour accabler plus tard les vaincus. Tout à coup le prince Toraldo, entraîné spontanément par le premier élan d'un cœur généreux, se jette entre les combattants, au moment même où s'engageait la mêlée. Il parle avec tant de chaleur, il est si bien secondé par son entourage, qu'il parvient en quelques minutes à changer complétement la disposition des esprits. Il appelle Annese et Pannarella, il les oblige à s'embrasser en présence de tous, et à prouver la sincérité de leur réconciliation, en faisant retirer paisiblement leurs partisans.

Ce dénoûment imprévu d'un drame qui s'annonçait sous de si terribles auspices, déconcerta complétement les plans du vice-roi; et tous les hommes d'État furent d'avis que Toraldo avait commis une faute énorme, aussi fatale aux intérêts de la couronne qu'il devait servir, qu'à ceux du peuple à la tête duquel il se trouvait placé.

En effet, une fois la populace de Lavinaro écrasée, comme elle ne pouvait manquer de l'être, la ville de Naples eût été préservée des pillages et des boucheries que nous aurons encore à raconter ; délivrée d'un levain permanent de discorde, affranchie des horreurs de l'anarchie, elle obtenait immédiatement la paix et conservait les priviléges accordés. Toraldo lui-même en obéissant à son instinct d'humanité rendit sa position plus difficile que jamais. Il s'attira la haine des Espagnols et des Napolitains qui désiraient en finir avec le désordre, sans rien gagner dans l'attachement ni dans la confiance des émeutiers.

CHAPITRE IX.

Le lendemain 1ᵉʳ octobre 1647, au point du jour, le château Saint-Elme signalait l'apparition d'une flotte nombreuse à l'horizon. Cette flotte était-elle française? les uns le craignaient, d'autres l'espéraient, et le vice-roi lui-même ne savait qu'en penser. Bientôt la bannière de Castille arborée au mât de vigie, fit connaître à tous quels vaisseaux entraient dans le golfe de Naples, favorisés à la fois par la mer et le vent.

L'agitation que produisit cette nouvelle eut quelque chose d'électrique; les visages trahissaient des émotions diverses; la multitude empressée couvrait la plage, les quais et la jetée, impatiente de contempler ceux qui devaient exercer une si grande influence sur la marche des événements. Une salve générale des châteaux et des forts, y compris la tour du Carmel,

salua le pavillon royal, flottant à la poupe de la capitane ; et vers le milieu du jour, vingt-deux magnifiques galères, douze gros navires, et quatorze autres
bâtiments de grandeurs différentes, se rangèrent ma-
jestueusement, devant la Marinella, sous le canon de
Castelnuovo.

Don Juan d'Autriche, fils naturel de Philippe IV,
commandait en chef ces forces réunies. Il comptait
alors dix-huit années ; ses yeux brillaient d'un génie
précoce, et son air martial n'empêchait point son
beau visage de révéler la bonté de son cœur.

Comme mentor et comme ami, il avait près de lui
un vieux marin plein d'honneur et d'expérience,
Don Carlo Doria, duc de Tursi, petit-fils du célèbre
André, et père de Giannettino, amiral des galères napolitaines. S. A. le duc de Gandia et le baron de
Batteville l'accompagnaient aussi en qualité de conseillers (1).

L'arrivée d'un si grand prince réveilla momenta-
nément quelques transports de joyeux enthousiasme
chez ce peuple de Naples *soulevé*, mais non point

(1) De Santis. — Capecelatro, M. S.

rebelle encore. Bientôt cette première impression fit place à des sentiments moins favorables, que les mécontents et les gens intéressés à pousser plus avant les choses, ne manquèrent pas d'envenimer. Bien que cette flotte, formidable en apparence, semblât compromettre leurs projets, ils espéraient beaucoup du secours des Français, avec lesquels ils avaient entamé des négociations déjà très-avancées.

Le duc d'Arcos était peu satisfait de se trouver en face d'un pouvoir et d'un rang supérieurs aux siens, lorsqu'il attendait précisément des moyens d'exercer sans limites son autorité de vice-roi. Il sut toutefois dissimuler habilement son dépit et résolut de s'emparer de l'esprit du jeune prince, afin de s'en servir comme d'un bouclier, pour rétablir sa puissance et pour se venger largement des humiliations cruelles que lui avaient attirées sa propre imprévoyance et sa faiblesse. En conséquence, ayant d'abord chargé son gendre, le marquis de Lermay, de porter les félicitations d'étiquette, il envoya peu après l'inspecteur général du royaume bien muni d'instructions précises sur les idées qu'il convenait de suggérer adroitement au nouveau venu, relativement à la situation du royaume, et aux mesures de rigueur indispensables à prendre sur-le-champ. Mais ces insinuations échouèrent devant la sagacité de Don Juan d'Autriche qui comparait froidement les forces innombrables de l'insurrection, à celles de son bord, composées tout au plus de trois mille cinq cents fantassins, formant quatre bataillons, dont trois espagnols et un napolitain.

Nous donnons ici l'évaluation du contemporain Santis, et du mestre de camp Capecelatro. Des historiens postérieurs, sans doute dans le but de grandir les triomphes du peuple, ont affirmé que les soldats débarqués par la flotte dépassaient le nombre de six mille. Lors même que ce chiffre ne serait point exagéré, une si petite armée pouvait-elle lutter avec avantage contre cent cinquante mille hommes aguerris déjà par les troubles civils, dirigés avec habileté, aidés par les circonstances, et soutenus par le royaume entier?

Le soir, le vice-roi visita le généralissime en personne, afin d'exposer son plan, que l'inspecteur général eut soin de faire valoir au moyen de réflexions

et d'objections concertées à l'avance. Il trouva Don
Juan froid et pensif, incertain sur le parti qu'il devait
prendre ; mais il raconta les faits d'une manière si
spécieuse, il parla d'un ton si assuré de vingt mille
paysans bien organisés prêts à l'appuyer au premier
signal, que le jeune prince et ses conseillers eux-
mêmes parurent se rendre à ces puissantes raisons,
décidant néanmoins qu'on agirait avec beaucoup de
ménagement, et qu'avant de recourir à la force, on
tenterait tous les moyens de prudence et de conciliation (1).

Le jour suivant, le vice-roi réunissait à Castelnuovo le capitaine général du peuple, Desio son
lieutenant, les élus et les députés des sédiles, plusieurs
chefs populaires, et les personnages les plus influents.
Il leur exposait que l'escadre espagnole, en croisière
dans la Méditerranée avec mission de détruire les
pirates et de protéger les côtes, était entrée inopiné-
ment dans le port de Naples pour se ravitailler et réparer les avaries causées par les tempêtes de l'équi-
noxe, mais sans aucune intention hostile aux Na-

____

(1) De Santis.

politains, dont le roi connaissait trop bien la soumission et la loyauté ; que toutefois l'amiral de cette escadre étant un prince d'un rang si élevé, un fils chéri
du souverain, qui considérait comme ses propres
frères tous les sujets de son père, il fallait le recevoir
avec le respect et les égards auxquels il avait droit,
approvisionner largement ses vaisseaux, et faire en
sorte que ses yeux ne rencontrassent aucune trace
des troubles passés ; qu'on devait l'engager à honorer la cité de sa présence tout le temps nécessaire à
son repos ; et qu'enfin, pour que cette présence fût
un nouveau gage de paix et de concorde, le peuple
devait déposer les armes, et s'il avait encore des
grâces à demander, ou des réclamations à formuler,
le faire en toute confiance, sans avoir l'air d'*exiger*,
ce qui serait aussi malséant vis-à-vis d'un si haut
personnage, qu'indigne de la réputation de fidélité
dont jouissait la ville de Naples.

Ce discours du vice-roi, bien que fort étudié et soigneusement épuré de toute expression capable d'inspirer la méfiance, ou de blesser la susceptibilité des
insurgés, n'en fut pas moins du plus mauvais effet.
En vain Toraldo et les autres partisans de la cause

espagnole s'efforçaient-ils de faire bonne contenance, en prodiguant les gestes approbateurs. L'un des assistants se lève, et traduisant le murmure général exprime d'une voix altérée : que le peuple ne croyait point l'arrivée de la flotte si fortuite, ni son amiral si bien disposé; que, loin de consentir en ce moment à déposer les armes, il voulait au contraire les garder pour son salut; et que d'ailleurs, une détermination si grave et si décisive ne pouvant être prise à la légère, il n'appartenait d'en décider qu'à une assemblée générale. — Cet incident clôt la séance; les auditeurs se séparent plus aigris et plus inquiets qu'auparavant.

Une seconde réunion est donc aussitôt convoquée dans le couvent de Saint-Augustin. Tous les chefs populaires y accourent, ainsi que de nombreux habitants de la ville, représentant toutes les nuances d'opinion; on y pose nettement la question de savoir si le peuple napolitain doit ou, non, déposer les armes pour recevoir le seigneur don Juan d'Autriche.

La discussion fut des plus animées. Ceux que ruinait le désordre, et que fatiguaient les alertes continuelles secondèrent le désir du vice-roi de tout leur crédit ; ceux qui nourrissaient des arrière pensées ou dont la fortune inespérée dépendait uniquement du soulèvement, combattirent violemment les propositions : déclarant qu'abandonner la défensive, c'était se mettre à la merci d'un ennemi vindicatif et puissant ; et qu'en ravitaillant la flotte, les Napolitains travailleraient à leur propre ruine.

Cette dernière opinion prévalut. La bruyante assemblée, après avoir écouté de longs discours, décida que le peuple resterait armé, qu'on enverrait seulement à S. A. une députation chargée de la complimenter et de lui offrir des présents comme *devoir de courtoisie*, laquelle expliquerait en même temps quels griefs et quelles craintes empêchaient les Napolitains de déposer leurs armes à ses pieds.

Une telle solution contrarie profondément Don Francesco Toraldo ; il se souvient de l'heureuse impression produite si récemment sur les masses par sa présence et ses exhortations ; il monte à cheval et se met à parcourir les bas faubourgs, pour voir s'il ne pourra pas obtenir un désarmement volontaire avant que le funeste résultat du grand conseil ne soit connu.

Le prince réussit d'abord au delà de ses espérances à force d'art et de bonnes raisons. Déjà le cercle formé autour de lui devenait très-considérable ; la foule écoutait avec déférence, et semblait même se laisser persuader, lorsqu'il lui vient la malencontreuse idée de proférer un argument *ad terrorem*, en s'écriant : qu'il était indispensable de terminer ces différends d'une manière pacifique, attendu que la flotte mouillée dans le port était la plus formidable du monde, et qu'elle pourrait facilement d'une seule bordée de son artillerie bouleverser la ville entière. Cette fanfaronnade lui fit perdre en un instant tout le fruit de son éloquence; les éclats de rire qu'elle excita d'abord se changèrent bientôt en colère furieuse, et peu s'en fallut qu'elle ne coûtât cher au capitaine-général.

De son côté, le vice-roi, tout en sollicitant secrètement l'appui des barons féodaux, par l'entremise d'un homme insinuant, le conseiller Miraballo, voulut aussi essayer de la persuasion dans les faubourgs ; il les inonda d'émissaires, prêchant la confiance, promettant de nouveaux avantages, et publiant qu'il serait désormais le protecteur du peuple contre la noblesse. Mais ces manœuvres grossières ne firent qu'augmenter l'adhésion des masses aux résolutions de la junte Saint-Augustin (1).

(1) De Santis. — Capecelatro, M. S. — Raphaël de Turris.

CHAPITRE X.

Le 3 octobre, les délégués du peuple allèrent complimenter le jeune prince à.son bord. Don Juan les reçut avec de grands témoignages de bienveillance et de considération, les remerciant cordialement des présents qu'ils lui apportaient. Ceux-ci lui peignirent d'un ton respectueux, la déplorable situation de la ville, *obligée de combattre pour échapper à la ruine où l'entraînait un gouvernement injuste et rapace, soutenu par une noblesse arrogante et corrompuè.* Ils le suppliaient donc de ne point s'étonner s'il les trouvait sous les armes, prêts à se défendre contre de tels ennemis, mais incapables d'un acte de rébellion vis-à-vis de Sa Majesté.

Don Juan éluda prudemment la question principale ; il répondit en termes généraux et congédia les délégués fort satisfaits de la noble courtoisie et de l'air imposant d'un si haut seigneur.

Tandis que cette visite officielle avait lieu sur la galère royale, des hommes du peuple escaladaient tous les vaisseaux sous prétexte d'y vendre du pain blanc, des fruits et des rafraîchissements de toutes sortes ; ils examinaient avec soin l'état des bâtiments, leurs munitions, leurs batteries, et surtout la quantité de soldats qu'ils transportaient. Revenus à terre, ils ne manquèrent point d'annoncer dans tous les groupes le mauvais approvisionnement de l'escadre, la nullité de ses ressources, et la faiblesse numérique de ses équipages. Cette révélation produisit l'effet qu'on en pouvait attendre; on répéta publiquement que *la flotte ressemblait à une vessie pleine de vent* (1).

Ceux qu'avait d'abord intimidés son apparition relevèrent fièrement la tête, et, furieux de leur propre terreur, se montrèrent plus obstinés que jamais à repousser tout projet de conciliation.

Cependant les Espagnols et les gens qui avaient souffert des perturbations récentes, se félicitaient vi-

____

(1) De Santis. — Capecelatro.

vement d'un secours si opportun, se flattant, grâce à lui, d'obtenir une prompte vengeance et de justes dédommagements. Personne plus que le vice-roi ne s'enivrait de ces folles espérances. Politique à courtes vues, prompt à s'enorgueillir des illusions que lui crée sa vanité, il se croit déjà tout-puissant, il oublie le cardinal-archevêque dont l'heureuse influence avait pourtant quelques droits à ses souvenirs. Ne comptant plus avec lui, dédaignant même ses conseils, il ne songe désormais qu'à pousser la noblesse à la guerre civile, en dominant l'esprit du jeune prince pour qu'il serve d'instrument à son aveugle ressentiment.

Toraldo, Desio, et les chefs qui désiraient de bonne foi le rétablissement de l'autorité légitime, voyaient plus clair que le vice-roi, et, reculant devant les partis extrêmes, poursuivaient à Saint-Augustin le cours de leurs négociations. Ils faisaient enfin décider que le peuple mettrait bas les armes, et qu'elles seraient déposées dans un magasin de la place de la Selleria au centre de la ville. De ce désarmement seraient exceptés six mille hommes seulement qui veilleraient au maintien des traités.

Cette transaction paraissait très-raisonnable, et Toraldo lui-même, accompagné de plusieurs personnages de distinction, se rendit à bord du vaisseau royal afin d'exposer au prince les conséquences favorables qu'il en espérait. Don Juan leur fit l'accueil le plus gracieux; mais comme on avait déjà faussé la droiture de son jugement, tout en ne désapprouvant point l'accommodement, il n'osa l'accepter ni le repousser sans réflexion, répondit d'une manière évasive, et chargea Léguia, son secrétaire, d'aller conter le tout au vice-roi.

Celui-ci, chez qui la condescendance et l'irrésolution des jours précédents avaient fait place à la roideur d'un orgueil inflexible, déclara que la proposition de la junte Saint-Augustin était absolument inacceptable, attendu que six mille factieux suffiraient pour maîtriser la ville et tenir en échec l'autorité.

Ainsi le vice-roi prétendait contenir avec les forces de l'escadre cent cinquante mille hommes bien armés en rébellion ouverte, et voyait un grand péril à tolérer seulement six mille d'entre eux! Néanmoins, soit que l'hésitation fût inhérente à sa nature, soit qu'il désirât rejeter une partie de sa responsabilité sur quelques personnes de marque, il voulut, avant de

notifier formellement son refus, assembler un conseil
de notables auquel la question serait soumise le
lendemain.

Malgré le soin que prit le duc d'en choisir les
membres parmi les gens qu'il savait les mieux disposés
à se ranger de son opinion, il ne put se dispenser
d'appeler aussi Cornelio Spinola, le négociant génois,
dont il devait regretter amèrement de n'avoir point
écouté les sages avis au début de l'insurrection,
alors qu'il demandait uniquement l'abolition d'un
impôt pour calmer l'effervescence populaire. Aux
premiers mots de la discussion, Spinola comprit
qu'on allait proposer les moyens les plus violents;
mais il n'en mit que plus de fermeté à manifester
des sentiments tout opposés. Il soutint qu'une population soulevée n'était point aussi facile à dompter qu'on
le supposait; que les forces disponibles étaient insuffisantes; que l'artillerie, dût-elle raser la ville, ne
réussirait qu'à détruire des maisons et des palais; et
qu'enfin la ressource la plus puissante à tirer des circonstances, c'était le prestige qu'exercerait indubita-
blement la présence du prince royal.

Le capitaine des gardes du vice-roi, cavalier plein

d'insouciance et de jeunesse, assistait à la séance, témoignant par ses gestes impatients, combien il goû-
tait peu les prudentes observations du vieillard. Il
l'interrompit pour dire avec impétuosité que la peur
grossissait les obstacles; que la fumée du canon
anéantissait une révolte; qu'on devait se souvenir des
troubles causés par l'inquisition sous don Pedro de
Tolède, où trois mille Espagnols avaient suffi pour
faire rentrer Naples dans le devoir. Un froid sourire
parut aux lèvres de Spinola. Il se contenta de répondre que les temps étaient bien différents; qu'à
cette époque vivait un Charles-Quint dont le nom
seul intimidait l'univers ; qu'à cette époque la
ville, infiniment moins peuplée, comptait à peine
quinze mille hommes sous les armes, lesquels avaient
été vaincus non par trois mille, mais par dix mille
soldats, et par cinquante galères, sans que la victoire
parvînt même à imposer l'inquisition (1).

Le discours de Spinola impressionna-t-il vivement le duc d'Arcos? ou bien, ainsi qu'il arrive souvent aux caractères faibles, sa propre résolution l'ef-

---

(1) Raphaël de Turris.

fraya-t-elle au dernier moment?. Toujours est-il qu'il
ne décidait rien encore, se bornant à convoquer une
junte encore plus nombreuse; dans cette nouvelle
réunion, ses envoyés annoncèrent nettement que
le prince, fils du roi, ne pouvait ni ne devait venir à
terre, tant que la population tout entière n'aurait pas
déposé les armes à ses pieds. Un tumulte effroyable
accueille cette déclaration inattendue. Il fallait donc
renoncer aux moyens de conciliation que le prince
lui-même avait semblé ne point repousser; et la
discussion s'engage plus haineuse, plus acerbe, plus
passionnée que jamais|; les partisans du vice-roi plai-
dant la cause de l'ordre avec une ardeur désespérée ;
les chefs de l'insurrection se sentant animés jusqu'à
la folie par les vociférations et les cris de guerre que
pousse la foule aux portes du couvent.

Desio laisse passer la première bourrasque; puis,
sans rien préjuger sur le fond du débat, il s'écrie que
la situation devient intolérable, qu'on ne peut tenir
ainsi le fils du souverain relégué sur ses vaisseaux ;
que le peuple armé commet chaque jour des attentats
inouïs, et viole ouvertement les traités; qu'il est
odieux de voir un Gennaro Annese et d'autres chefs

populaires donner l'exemple de l'insubordination en accaparant les poudres, et en continuant à fortifier leurs quartiers; qu'enfin, dans l'intérêt général, il faut absolument réprimer tant de désordres, et revenir à la raison.

On écoutait assez favorablement cette harangue; mais elle fut violemment interrompue par Palumbo, Pannarella, Caffiero et leurs amis, qui se précipitèrent vers l'orateur l'injure à la bouche et le poignard à la main. Desio dut se retirer pour éviter une mort certaine; la sacristie lui servit d'abord de refuge; puis il se mit en lieu de sûreté (1).

Le soir une autre assemblée se réunissait au palais; le vice-roi la présidait lui-même et s'y montrait plus conciliant, sinon moins irrésolu. Elle fut suivie d'un conseil privé composé du général don Vicenzo Tuttavilla, de l'inspecteur général du royaume, du capitaine des gardes, et des chefs plébéiens sur lesquels on pouvait compter; la question y fut enfin tranchée d'une manière définitive. — On aurait recours à la force.

(1) De Santis.

Le duc se crut parfaitement à couvert et fit signer par tous les assistants la décision motivée. Au moment de prendre la plume, Tuttavilla renouvela seulement quelques observations judicieuses sur le peu de ressources dont pourrait disposer la noblesse, malgré les illusions dont elle se berçait, et sur le peu de confiance que devaient inspirer les promesses des meneurs populaires souvent trompés eux-mêmes par leurs adhérents ; mais chacun gardait le silence ; il écrivit son nom au bas du terrible arrêté.

Quel rôle allait jouer Toraldo dans le conflit ? Comme adversaire il devenait fort dangereux ; il fallait s'assurer de sa personne, et cette entreprise offrait de grandes difficultés, le capitaine général n'étant pas homme à s'aventurer au palais ni au château. Tuttavilla conseilla de le faire appeler sur la galère royale (où sans doute il n'oserait pas refuser de se présenter), et d'en agir de même à l'égard d'Arpaja qui, feignant de se montrer zélé serviteur du roi, était au contraire un des plus perfides agitateurs.

Le duc et l'inspecteur général du royaume allèrent donc prier le jeune prince de se prêter à leur projet. Un message fut adressé à Toraldo ; mais soit qu'un

avis secret lui eût découvert le piége, soit qu'il crai-
gnît de se compromettre aux yeux des Napolitains,
ou bien enfin qu'une entrevue lui parût trop délicate
dans sa position exceptionnelle, il ne se rendit point
à cet appel.

Alors on s'occupa sérieusement du débarquement
et de l'attaque. On fit sur le papier mille calculs chi-
mériques des forces populaires qui se réuniraient aux
troupes et combattraient avec elles; Don Juan, jeune
homme sans expériences, et ses conseillers eux-mêmes,
mal instruits du véritable état des choses, se laissèrent entraîner complétement par l'aveugle duc. Il fut
convenu que deux mille cinq cents hommes débarque-
raient à l'arsenal au milieu de la nuit, que le lieutenant Desio préparerait en temps voulu ses auxiliaires,
et que tous attendraient pour agir un signal donné
par la tour d'hommage de Castelnuovo, où le vice-
roi se retira avant le jour, emmenant avec lui le secrétaire de S. A.

CHAPITRE XI.

Desio ne trouva point ses gens aussi bien disposés
qu'il l'avait espéré ; de plus il s'aperçut que, soit instinct, soit prévision des événements, le peuple passait
la nuit sur ses gardes, fortifiant ses tranchées et s'ap-
provisionnant, sans bruit, de munitions. De telles nouvelles furent loin de plaire au vice-roi, qui se crut obligé
de réunir encore des conseillers. Mais on était dès lors
trop avancé pour songer à reculer ; on décida que rien
ne serait changé dans les plans d'attaque, et qu'on tenterait seulement, avant d'ouvrir les hostilités, d'attirer
à Castelnuovo, sous un prétexte quelconque, l'élu
Arpaja, les deux frères Caffiero, Salvator Barone,
le secrétaire de Polito, son neveu Battista, le frère
Hilario, Gregorio Accieto et plusieurs autres chefs
qui leur paraissaient les plus capables de diriger

le mouvement, et d'organiser la résistance. De perfides messages leur furent adressés; ils tombèrent
dans le piége et vinrent presque tous au château où le
conseil de guerre était déjà réuni, prêt à les entendre
et à les juger. Cette rigueur imprévue les consterne;
ils avouent spontanément, qu'à l'instigation de Palumbo et de Gennaro Annese, leurs dispositions étaient
prises pour assaillir, la nuit suivante, les postes élevés
de la ville et commencer ainsi la lutte générale, en
assiégeant les châteaux et en canonnant la flotte; ils
déclarent aussi qu'une correspondance établie avec le
marquis de Fontenay leur annonçait la prochaine arrivée de nombreux vaisseaux français. Convaincus de
trahison, et condamnés à mort séance tenante, ils sont
exécutés sur-le-champ. Le frère Hilario gardé, comme
otage, et Francesco Arpaja, conservé dans un autre
but, échappent seuls au sort de leurs compagnons. Le
duc d'Arcos voulait exiger de *l'élu du peuple* qu'en cette
qualité même il demandât officiellement au nom de
la ville son occupation de vive force, comme le seul
moyen d'y rétablir l'ordre et la tranquillité. C'était
une agression déguisée qu'il s'agissait de sanctionner.
Le magistrat populaire sut résister avec une énergie

digne d'un caractère plus honorable que le sien, et l'histoire reproche au vice-roi d'avoir fait peser cruellement sur lui la fureur du mécompte, au lieu de respecter la noblesse du refus. Plongé dans un cachot, puis conduit en Espagne et déporté au préside d'O-ran, le malheureux Arpaja y mourut au bout de quelques années.

Le 5 octobre vers midi, les chevaux d'une voiture arrêtée aux portes de Castelnuovo s'emportaient brusquement après avoir renversé leur cocher, et galoppaient jusqu'à la rue de Tolède, écrasant ceux qui leur barraient le passage et causant partout la confusion. Le duc s'empare avec impétuosité de cette circonstance fortuite ; il lance en avant un régiment d'infanterie espagnole aux cris de *vive le roi! vivent les gabelles !* il arbore le signal convenu à la tour de Castelnuovo ; et se souvenant tout à coup de l'archevêque, qu'il semblait compter pour rien depuis longtemps, il le prie d'exposer le saint-sacrement dans les églises et d'appeler la protection du Très-Haut sur les armes de Sa Majesté.

Le prélat s'indigne, et répond : « qu'il ne prostituera jamais son ministère sacré, en demandant au ciel l'accomplissement d'une atroce vengeance. » Paroles qui, répétées au vice-roi, ne laissèrent point de jeter dans son âme un certain trouble, mêlé à de tardifs repentirs.

Le peuple pensait bien que les Espagnols finiraient par prendre l'offensive, mais il se croyait loin encore du moment décisif. Sa terreur égala sa surprise lorsqu'il vit les troupes royales s'avancer de tous côtés, au pas de charge ; et s'il essaya sur quelques points de se défendre, ce fut avec mollesse et confusion.

De nouvelles compagnies d'infanterie sortent du château à la suite de celles qui marchaient triomphantes dans la rue de Tolède ; et divisées en détachements commandés par des officiers résolus, elles exécutent le plan stratégique habilement combiné à l'avance, attaquant à la fois les positions les plus importantes de la ville, dont elles s'emparent sans perdre beaucoup de monde, et sans rencontrer d'obstacles sérieux. Les greniers publics, l'entrepôt des huiles, le petit hôpital, la chartreuse Saint-Martin et Pizzo-Falcone, tombent rapidement au pouvoir des soldats ; tandis que le peuple, refoulé dans le plus grand désordre, ne peut trouver un seul point de ralliement.

Une grande partie de ses chefs avaient péri dans l'action, un grand nombre étaient conduits prisonniers à Castelnuovo, entre autres le fameux inventeur de la mine du château Saint-Elme, Andrea Polito, qui fut immédiatement pendu aux créneaux de la forteresse (1). Les défenseurs de la cause populaire fuyaient désespérés, trouvant toujours l'ennemi devant eux.

Cependant les troupes espagnoles, disséminées sur tant de points, n'étaient nulle part assez nombreuses pour s'étendre à travers les faubourgs et se donner la main. Obligées de se maintenir dans les postes isolés qu'elles venaient de conquérir, elles laissèrent à la populace le temps d'oublier sa première épouvante, et même de songer avec l'énergie du désespoir à reprendre les avantages qu'une surprise leur avait enlevés.

On sonna le tocsin dans tous les clochers de Naples, et la ville entière se leva comme un seul homme pour défendre ses foyers et pour se venger de ses oppresseurs. Ceux-là mêmes qui, désirant l'ordre et la

______

(1) De Santis. — Capecelatro, M. S.

paix, s'étaient montrés d'abord partisans de la conciliation, crièrent aux armes avec rage, et coururent engager le combat.

Le sol semblait enfanter des légions populaires qui surgissaient comme par enchantement. Plus de cinquante mille hommes, résolus et bien armés, fondirent à la fois sur toutes les positions dont leurs adversaires s'étaient si facilement emparés quelques heures auparavant. La vigueur de la défense fut digne de l'impétuosité des assaillants. Les Espagnols ne cédaient pas un pouce de terrain; mais en présence de ces masses formidables, ils firent les signaux convenus pour demander des renforts à Castelnuovo.

Comment le vice-roi leur en eût-il envoyé? il avait compromis toutes ses forces, sans ménager la moindre réserve!... Il donna l'ordre aux forts et à l'escadre de commencer à l'instant le bombardement. L'artillerie de Saint-Elme, de Castelnuovo, du château de l'OEuf et des vaisseaux rangés devant la plage de la Marinella, ouvrit alors un feu terrible, dont les explosions, répétées par les échos, jetèrent au loin la terreur.

Don Juan d'Autriche, debout sur le pont de la galère capitane, assistait les yeux humides à cette scène de désolation. Voyant ses soldats enveloppés de toutes parts sans que personne vînt à leur secours, il s'écria douloureusement à plusieurs reprises : « *Où sont donc les vingt mille paysans qui devaient nous soutenir? où sont-ils?* » Reproche amer adressé au duc d'Arcos et à ses propres conseillers, qui par leurs faux calculs avaient égaré les instincts de son cœur.

On se battait partout avec une égale furie. Les Espagnols, forcés à la fin dans quelques retranchements, ne résistaient pas moins comme un mur de fer à l'énorme pression des masses qui semblaient prêtes à les étouffer. Les bombes et les boulets amoncelaient des ruines au milieu de la belle cité napolitaine, et le peuple ne s'en montrait que plus exaspéré. Deux fois pris et repris, les greniers publics demeurèrent au pouvoir de l'insurrection qui, ne sachant comment enlever les grains, s'empressa de les incendier.

Le lieutenant Desio avait jeté le masque en se déclarant ouvertement pour le vice-roi. Il fit des prodiges de valeur au faubourg de Mortelle, à la tête du petit nombre de combattants restés fidèles à la cause espagnole.

Si le feu de l'escadre exerçait d'affreux ravages dans les quartiers de Lavinaro et de Mandaracho, les canons de la tour du Carmel, dirigés par Gennaro Annese, endommageaient gravement les galères, et Don Juan se vit contraint de faire débarquer quinze cents hommes, dernière ressource qu'il eût à son bord, pour tâcher d'enlever cette dangereuse position ; mais l'assaut fut si vigoureusement reçu, que les soldats durent se replier sur Castelnuovo après avoir essuyé de grandes pertes. Quant aux vaisseaux, privés d'une partie de leur équipage, et fort maltraités dans leurs agrès, ils se mirent à couvert derrière le château de l'OEuf, tournant leurs batteries contre les quais et contre le faubourg de Chiaja.

Durant cette désastreuse journée, toutes les forces espagnoles étaient placées sous les ordres du général d'artillerie de Batteville (1), gentilhomme bourguignon, qui accompagnait le prince en qualité de conseiller, ainsi que nous l'avons déjà dit. On ne comprend guère pourquoi le duc d'Arcos ne commandait pas en personne, dans l'intérêt même de sa

_____

(1) Capecelatro. — De Santis. — Agnello de la Porta, M. S.

réputation. Il confia le succès aux talents militaires d'un officier, fort renommé sans doute, mais qui ne connaissait pas le théâtre de la lutte, et qui n'avait jamais fait ce genre de guerre. Batteville sentit combien cette science spéciale lui eût été nécessaire en présence d'ennemis si bien organisés, et dont le nombre était tellement supérieur à ce qu'on lui avait annoncé ; il se repentit cruellement de s'être plié aux exigences du vice-roi en écoutant ses belles promesses. Néanmoins, espérant tout du courage et de l'excellente discipline de ses troupes, il se portait d'un point à un autre avec une activité merveilleuse, prenant les dispositions les plus habiles, et multipliant ses efforts.

Don Francesco Toraldo, dont la situation était si étrange et si délicate, avait toujours désiré la paix, et, dans toutes les conférences, avait prouvé son dévouement pour le service du vice-roi ; mais une fois la lutte engagée, il ne songeait plus qu'à se montrer loyal gentilhomme et vaillant soldat ; il lui répugnait de tromper ceux qui s'étaient mis entre ses mains ; il conduisait franchement les opérations, et ses manœuvres intelligentes embarrassaient beaucoup les Espagnols.

Le grondement incessant d'une si formidable artillerie, l'éclat des bombes, le fracas des édifices qui
s'écroulaient, les décharges continuelles de mousqueterie, les clameurs des combattants, les gémissements
des mourants et des blessés, les cris des femmes et des
enfants fuyant éperdus au milieu du carnage, et cherchant vainement un refuge; le bruit terrifiant des trom-
pettes et le roulement des tambours se mêlant au son
des cloches lancées à toute volée, formaient un va-
carme effroyable, et faisaient craindre aux populations
environnantes que leur magnifique capitale ne fût à
son dernier jour. La terreur poussait les uns à se joindre aux Espagnols, dont le triomphe leur semblait
assuré. Le patriotisme entraînait les autres à courir
au secours de Naples, dussent-ils s'ensevelir sous ses
ruines.

Les nouvelles vagues de ce qui se passait au cœur du
royaume arrivèrent bientôt à Bénévent, où les membres les plus importants de la noblesse, entre autres
le fameux duc de Maddaloni, s'occupaient déjà de venir en aide au vice-roi, grâce aux démarches réité-
rées du conseiller Miraballo.

Ils rassemblèrent à la hâte les bandes qu'ils avaient

levées, et se mirent immédiatement en campagne
afin de couper les vivres aux insurgés et d'arrêter les
renforts que les provinces pourraient leur envoyer.
Puis, ils adressèrent un message au duc, pour le prier
de mettre à leur tête un général expérimenté.

Cependant la nuit s'avança sombre et orageuse
sans que l'ardeur des combattants se ralentît de part
ni d'autre. La lutte semblait, au contraire, devenir
d'heure en heure plus acharnée; mais la victoire ne
se déclarait d'aucun côté. La ville demeurait en proie
à l'une des crises les plus atroces dont l'histoire
nous ait transmis le souvenir.

CHAPITRE XII.

La journée suivante ne fut ni moins sanglante ni plus décisive. Mus par le vague instinct de la nationalité, de nombreux habitants des environs de Naples venaient à chaque instant se ranger sous les bannières de l'insurrection. Les chefs du mouvement, voulant s'assurer l'occupation absolue d'une partie de la ville, résolurent d'emporter de vive force les hauteurs de Jésus-Maria où les Espagnols s'étaient habilement retranchés.

L'entreprise offrait de terribles difficultés, mais elle était conduite par de vieux soldats napolitains ayant suivi le roi dans les guerres de Flandres et de Catalogne, et même dans les expéditions du nouveau monde. Accoutumés à mépriser le danger, initiés à toutes les règles de l'art militaire, ils revinrent plu-

.sieurs fois à la charge avec un sang-froid formidable, et se fussent rendus maîtres de la position sans l'hé-roïque fermeté de ses défenseurs.

On cherchait un moyen de donner l'assaut avec plus d'avantage. Toraldo proposa l'essai d'un mantelet mobile, qui fut immédiatement construit ; mais l'ou-vrage achevé n'ayant pu rendre aucun service en raison de sa lourdeur excessive, le peuple cria aussi-tôt à la trahison, accusant son capitaine-général de l'avoir engagé dans un travail inutile, afin de donner à l'ennemi le temps de respirer. Il ne manqua point d'envieux pour propager rapidement cette idée, et la multitude, tout en repoussant la proposition de retirer son grade au prince Toraldo, décida qu'un homme sûr lui serait adjoint, lequel obtiendrait de fait la véritable suprématie. Ce rôle était dévolu tout naturellement à celui qui occuperait l'emploi laissé vacant par la dé-fection ouverte de Desio. Le choix du successeur ne se fit pas attendre ; Geronimo Donnarumma, vendeur de légumes et parent de Masaniello, fut proclamé lieutenant de mestre de camp général (1).

(1) De Santis.

On renonça pour le moment à s'emparer de Jésus-Maria, et l'on se rejeta sur d'autres positions non moins importantes. Les unes demeurèrent imprenables ; d'autres, accablées par le nombre des assaillants, se rendirent après une défense désespérée. Le bombardement incessant de la ville exaspérait les Napolitains plus qu'il ne les intimidait. Ils égorgeaient inhumainement tous leurs prisonniers.

Le 7 octobre, Donnarumma, voulant prouver qu'il était digne de commander, entreprit d'attaquer la douane aux farines, que les Espagnols avaient fortifiée à la hâte à l'aide d'une palissade, d'un fossé très-étroit et d'un rempart de fascines. Ne se dissimulant point le danger de forcer ces retranchements à découvert, il imagina de rassembler un assez grand nombre de buffles des montagnes, et de leur faire donner la chasse, dans cette direction, par une meute de chiens très-animés. Le succès du stratagème répondit merveilleusement à ses prévisions. Ces animaux féroces trouèrent violemment la palissade, franchirent le fossé et jetèrent le désordre derrière le rempart qu'ils renversaient. Le flot populaire pénétra dès lors facilement dans la place, et les soldats n'eurent point

à espérer de quartier. Quelques-uns seulement su-
rent échapper au massacre en gagnant à la nage le
château (1)?

Furieux de cet échec, essuyé sous ses propres yeux,
le vice-roi fait sortir immédiatement la faible garnison de Castelnuovo, pour reprendre la position perdue, et donner une rude leçon aux envahisseurs ;
mais la petite colonne fut obligée de reculer décimée
en peu d'instants par le feu meurtrier qui fondait sur
elle, partant de toutes les fenêtres et de toutes les
terrasses, où des insurgés s'étaient embusqués.

Ce jour-là les masses populaires furent considérablement grossies par des bandes accourues de la Cava,
de Nocera-de-Pagani et de San-Severino ; mais la cavalerie des gentilshommes qui tenaient la campagne,
dispersa sur leur route les auxiliaires arrivant de
points plus éloignés.

Depuis l'affront que lui avait fait le peuple en lui
imposant comme lieutenant et même comme supérieur un homme de la condition de Donnarumma,
Don Francesco Toraldo s'était complétement dégoûté

____

(1) Capecelatro, M. S. — De Santis. — Raphaël de Turris.

de son commandement; il n'aspirait plus qu'à sortir de ce chaos. Ses amis et ses nombreux partisans étant parvenus à lui restituer une partie de son ancienne influence, grâce au souvenir si récent de sa loyauté, de sa bravoure et du talent qu'il avait déployé le premier jour ; il profita de ce revirement passager et de la fatigue universelle pour émettre l'idée d'offrir au vice-roi une trêve de six jours, durant lesquels on aviserait peut-être aux moyens de tout concilier honorablement. Le combat devenait si languissant, le besoin de repos si impérieux que la proposition ne fut pas mal accueillie, et Toraldo chargea, sans retard, Ottavio Marchese d'aller ouvrir des négociations à Castelnuovo.

Toujours inexorable lorsqu'il pensait avoir pour lui la fortune, faible et accommodant dès qu'il s'en croyait abandonné, le duc d'Arcos ne sut jamais apprécier avec justesse les phases de ce grand drame dont il jouait le premier rôle. Son aveuglement rendait son sang-froid inutile, et toutes ses résolutions étaient prises à contre-temps. Malgré l'incandescence des esprits dans la ville et dans le royaume entier, malgré la faiblesse numérique de ses troupes, et le triste début de son entreprise inconsidérée, il crut voir l'indice d'un profond découragement dans cette offre d'une suspension d'armes; il sentit renaître ses folles espérances et jugea le moment venu d'assurer le triomphe de ses plans, en suivant imperturbablement la ligne qu'il s'était tracée.

Il se refusa donc à toute espèce d'accommodement, fit redoubler le feu des châteaux, et donna l'ordre d'attaquer sur-le-champ tous les points reconquis par le peuple. Marchese allait se retirer très-affligé du mauvais succès de son message lorsqu'on le retint prisonnier, uniquement pour s'en être chargé (1).

Les hostilités, reprises avec une fureur croissante, éclatent tout d'abord au poste *degli studgi* dont le peuple parvient à déloger la garde allemande; puis tous les efforts de l'insurrection se tournent vers le monastère San-Sebastiano occupé par les Espagnols. Ceux-ci repoussent vingt fois les plus rudes assauts; mais tandis que leurs forces s'épuisent à combattre sans relâche, d'innombrables légions populaires se succèdent continuellement les unes aux autres, et

(1) Raph. de Turris. — Agnello de la Porta, M. S.

finissent par faire irruption dans les galeries basses du couvent, les soldats demeurant maîtres des étages supérieurs et prolongeant longtemps encore une de ces luttes fanatiques et désespérées, dont le patriotisme espagnol devait un siècle et demi plus tard, fournir à l'histoire moderne un si mémorable exemple en défendant Saragosse contre l'armée impériale.

Les cris de *vive le roi d'Espagne!* commençaient à devenir rares. Plusieurs chefs plébéiens firent d'ailleurs observer combien il était absurde de crier *vive le roi*, en chargeant ses troupes, et en défiant ses drapeaux; alors on renversa les bannières aux armes de Castille, et quelques voix lancèrent cette acclamation nouvelle : *vivent le peuple et Saint-Pierre!* Elle excita des applaudissements unanimes, et bientôt chacun la répéta.

Cette innovation plut extrêmement au cardinal Filomarino; il en profita pour créer des partisans au pape, en ravivant le souvenir de son ancienne domination; et fort satisfait des sympathies qu'il crut avoir réveillées, il s'empressa d'écrire à Rome, demandant à être nommé capitaine général du royaume. Mais le Saint-Père fut loin de se prêter à de semblables intrigues (1); il voulait, au contraire, maintenir les États napolitains sous la dépendance de l'Espagne, de peur de les voir tomber entre les mains des Français. Il désapprouva hautement le zèle de l'archevêque et lui envoya les ordres les plus précis d'éviter toutes démarches compromettantes, en refusant même d'écouter les propositions qui tendraient à invoquer la souveraineté du Saint-Siége.

Plus la cause populaire obtenait d'importants avantages, plus le soulèvement tournait à la rébellion; ces principes d'amour et de fidélité pour le souverain qui paraissaient naguère inébranlables, étaient maintenant complétement oubliés. Les troupes espagnoles, écrasées par cette lutte inégale, succombaient sous le nombre de leurs adversaires sans aucun espoir de secours. Les forts et les galères n'avaient plus rien à détruire. L'escadre réclamait impérieusement des vivres et des munitions; les châteaux épuisaient leurs derniers approvisionnements. Les yeux du vice-roi se dessillèrent enfin. Il comprit quelle faute énorme il avait commise en n'acceptant point la suspension d'armes lorsqu'elle

____

(1) De Santis. — Comte de Modène. — Douzzelli, M. S.

était proposée par le peuple lui-même. Mais comme son inconséquence gâtait toujours les meilleures déterminations, en les rendant inopportunes, il lui vint l'étrange idée de solliciter une trêve à son tour, persuadé qu'il l'obtiendrait sans difficultés et qu'elle lui donnerait le temps de venir voir les événements. Il écrivit donc au prince Toraldo un billet rempli de ces belles promesses et de ces paroles dorées qu'il savait toujours prodiguer.

Le capitaine-général ouvrait une tranchée sur la place du Port, afin de mettre le siége devant Castelnuovo. Il dirigeait le travail en personne, lorsque arriva le message du vice-roi, et désirant prouver à tous la loyauté de sa conduite, il fit signe à ceux qui l'entouraient de décacheter la dépêche et de la lire à haute voix. — La multitude s'exalte en voyant qu'on lui demande ce qu'on avait d'abord si dédaigneusement repoussé ; ce symptôme de faiblesse rend l'audace aux plus abattus ; la proposition est accueillie par un cri de guerre unanime, et le drapeau rouge arboré à la tour du Carmel annonce au duc d'Arcos le résultat de sa déplorable politique (1).

(1) De Santis. — Raphaël de Turris.

Le peuple voulait à tout prix s'emparer de l'église de Sainte-Claire, située au centre de la ville. Les troupes qui s'y étaient fortifiées tiraient avec une telle justesse, et entretenaient un feu si bien nourri, que les assaillants n'osaient avancer jusqu'aux retranchements. Ils eurent l'idée de creuser un énorme fossé dans la rue *Torcella,* afin de se mettre à couvert; puis un rempart, composé de sacs de terre et de madriers, permit d'établir une batterie formidable qui ne tarda pas à faire écrouler un pan de mur. Les malheureux soldats avaient brûlé toute leur poudre, et ne possédaient point d'armes blanches; ils durent se rendre à discrétion; c'est dire qu'ils furent égorgés sans pitié.

Ce sanglant épisode fut suivi d'un autre également déplorable pour la cause espagnole. Les châteaux manquant absolument de vivres, le vice-roi avait envoyé une galère vers la tour *del Greco,* afin d'y embarquer des grains et des farines; mais, à l'approche des côtes, la chiourme échoua le navire et brisa ses fers. Le capitaine et ses quelques matelots, impuissants à contenir la révolte, se sauvèrent à grand'peine avec la chaloupe, en gagnant à force de rames le rocher de Castelnuovo; tandis que les gens de la plage, entrant dans l'eau jusqu'à la ceinture, recevaient les galériens à bras ouverts, et incendiaient le bâtiment après avoir inutilement essayé de le remettre à flot. Ils eurent soin, toutefois, d'en retirer préalablement les pièces d'artillerie qu'un nombreux cortége conduisit au Carmel, annonçant de loin son arrivée par ses chants et ses acclamations (1).

(1) De Santis. — Capecelatro, M. S.

CHAPITRE XIII.

Désespéré de tant de revers, le duc d'Arcos se jeta dans les bras de la noblesse, qu'il avait d'abord si injurieusement traitée, et qui devenait désormais son unique soutien. Il envoya des émissaires à Capoue : c'était là que résidait le conseiller Miraballo ; c'était là que le duc de Maddaloni, le prince de la Torella, le duc de Gravina et d'autres puissants seigneurs, réunissaient leurs vassaux et organisaient des escadrons de bandits. Le vice-roi leur recommanda de ne pas abandonner la campagne, de ravitailler les forts, de couper les vivres aux rebelles, et surtout d'arrêter au passage les renforts que la province pourrait diriger vers le foyer de l'insurrection.

Le feu des châteaux se ralentissait d'heure en heure, à mesure que les munitions diminuaient et que l'artillerie reconnaissait d'ailleurs l'inutilité de sés efforts. Mais les engagements partiels continuaient sans relâche, et le sang coulait à flots des deux côtés.

Le peuple viola les prisons de la Vicairie, jusqu'alors respectées. Il brûla les archives royales, et mit en liberté tous les gens arrêtés comme coupables d'avoir entretenu des intelligences secrètes avec le gouvernement français. Parmi eux se trouvait un homme audacieux et entreprenant nommé Luiggi del Ferro, qui, secondé par les partisans déclarés de la France, imagina d'élever un trône sur la place du Marché et d'y placer ensuite le portrait du Roi Très-Chrétien. Les choses n'étaient pas encore arrivées au degré de maturité nécessaire pour une démonstration aussi nettement significative; elle produisit une impression tout opposée à celle qu'en espéraient ses inventeurs. En effet, les adhérents, prévenus à l'avance, avaient à peine salué de leurs vivats le monarque étranger, que des bandes armées s'élançaient à leur rencontre, et parvenaient, après une lutte violente, à renverser le trône et le portrait. — Les masses populaires demeuraient spectatrices indifférentes du conflit (1).

(1) De Santis. — Douzzelli, M. S.

Cet incident parut d'un bon augure au vice-roi, qui voulait y voir un reste de sympathie pour la couronne d'Espagne, et qui pensa tenir une occasion très-favorable d'ouvrir encore des négociations. Il engagea Don Juan d'Autriche à publier immédiatement un manifeste au peuple, afin de le remercier de cette preuve de fidélité ; et sur le refus du prince, il écrivit lui-même à Toraldo, témoignant sa reconnaissance, et proposant de nouveaux accommodements.

On ne lui répondit qu'en hissant un drapeau noir à côté de la flamme rouge, précédemment arborée au Carmel, et l'on attaqua simultanément tous les points occupés par la troupe, le peuple portant pour bannière la chemise ensanglantée d'un grand seigneur espagnol qu'il venait d'assassiner.

Le cœur navré des scènes déchirantes auxquelles il assistait depuis plusieurs jours, et très-irrité d'ailleurs contre le duc d'Arcos, qui l'avait si imprudemment engagé dans cette intervention désastreuse, Don Juan d'Autriche, voyant ses équipages dépourvus de tout, ses rameurs exténués et ses vaisseaux criblés de boulets, prit le parti de se retirer au fond de la baie de Baya, derrière le mont Pausilippe. Il exécuta cette manœuvre sans même consulter le duc, dont le chagrin fut extrême en apprenant que ses forces étaient dès lors réduites à la flottille de Giannettino Doria, et à deux navires de commerce armés en guerre, qui cherchaient à venger, sur les plages de Résina, l'incendie de la galère révoltée.

En vain le désolé vice-roi chercha-t-il à répandre le bruit que si le prince s'éloignait, c'était uniquement pour montrer son désir d'amener une solution pacifique, et qu'il reviendrait bientôt plus terrible et plus impitoyable, dans le cas où la situation ne s'améliorerait point. La retraite de l'escadre enfla démesurément l'orgueil des insurgés, et n'ayant plus rien à craindre du côté du port, ils assaillirent les retranchements de Monserrate qui défendaient les abords de Castelnuovo.

En raison de son importance la garde de cette ligne avait été confiée à quatre-vingts gentilshommes choisis parmi les plus illustres : quarante Espagnols et quarante Napolitains. Don Francesco Toraldo dirigea l'attaque en personne avec autant d'habileté que de valeur. Mais il avait affaire à forte partie, et la résistance fut si vigoureuse que l'armée populaire, con-

sternée de ses pertes, finit par reculer précipitamment.

Le peuple ne manque point d'attribuer son échec
à la trahison du généralissime ; on l'entoure, on l'ac-
cable d'injures et de menaces ; on le traîne comme un
prisonnier jusqu'à la place du Marché, où ses amis
ont beaucoup de peine à le tirer sain et sauf des mains
d'une plèbe exaspérée. Le malheureux Toraldo, dont
la position devenait intolérable, veut se démettre sur-
le-champ de ses fonctions ; mais ceux qui demandaient
sa tête un instant auparavant s'opposent avec une
égale violence à ce qu'il abandonne le commandement. Il exige alors qu'on lui donne pour conseillers,
quelques hommes dignes de la confiance universelle,
qui puissent devenir les témoins et même les espions
de sa loyauté. Cette faveur ne lui est point refusée ; on
procède tumultueusement aux formalités de l'élection, et quatre plébéiens dès plus exaltés sont pro-
clamés conseillers du capitaine général (1).

Ce jour-là quelques assassinats furent commis sous
prétexte de punir *des traîtres soupçonnés de vendre la*

____

(1) De Santis. — Raphaël de Turris.

ville aux Espagnols. Puis, on envahit le couvent des jésuites, on profana l'église, et l'on poignarda plusieurs religieux. Il fallut que le cardinal-archevêque accourût en toute hâte, pour arrêter le scandale et les massacres, non sans courir lui-même de grands risques malgré son caractère sacré.

Ces crimes isolés n'empêchaient pas la grande lutte de suivre son cours. Brisés de fatigue et privés de nourriture, les soldats enfermés dans les ouvrages avancés des forteresses avaient des assauts continuels à soutenir. Castelnuovo faisait tonner son artillerie, sans autre résultat que celui de renverser le peu de maisons restées debout dans la rue *del Olmo*. Le vice-roi comprit que rien n'intimiderait plus la populace et que les forces espagnoles se consumeraient en héroïsme inutile s'il ne survenait point un secours inattendu. Le souvenir du cardinal Filomarino se réveilla dans sa pensée ; il espéra que le prélat oublierait le dédain avec lequel on l'avait traité, il le supplia d'interposer de nouveau sa puissante influence et d'employer les ressources inépuisables de son ministère pour calmer la frénésie des Napolitains et leur faire accepter une honorable capitulation.

Filomarino répondit avec hauteur : « *qu'il ne s'é-*
tonnait point si celui qui avait perdu le royaume par
sa mauvaise foi songeait encore à compromettre la di-
gnité de l'Église, déjà suspecté aux yeux du peuple,
depuis les parjures dont on l'avait rendue la complice
apparente (1). » Ces paroles, rapportées au duc d'Arcos, le mirent dans une si furieuse colère qu'il ordonna de tourner les batteries du fort contre le palais
archiépiscopal afin de le réduire en cendres. Heu-
reusement le prudent Spinola était présent à cette
scène ; il sut épargner au vice-roi l'odieux d'une vengeance inutile et sacrilége, en subornant les artilleurs
qui pointèrent leurs pièces de manière à ne faire
aucun mal (2).

Bientôt Don Juan d'Autriche vit venir à lui les délégués des barons dont le quartier général était à Capoue. Ils voulaient se concerter avec le prince et recevoir directement ses ordres ; mais Don Juan qui ne
désirait alors que le rétablissement de la paix, et qui
comptait fort peu sur leur appui, les envoya s'entendre avec le duc d'Arcos auquel ils demandèrent des

(1) De Santis. — Raphaël de Turris.
(2) De Santis.

instructions précises et surtout la prompte nomination d'un général capable. Don Carlo de la Gatta,
désigné le premier par le vice-roi, refusa cette mission,
qui fut confiée définitivement au général Tuttavilla.
Celui-ci, investi des pouvoirs les plus étendus (1), s'embarqua sur deux galères avec cinquante Allemands,
soixante-dix Espagnols et pareil nombre de cavaliers
bourguignons; il se rendit à Baya pour suivre le chemin d'Aversa à Capoue.

Il comptait se réunir en passant à la garnison de
Puzzoles, demeurée fidèle à la couronne, s'emparer de
la grotte du Pausilippe occupée par les insurgés, et faciliter ainsi le ravitaillement des troupes et des forteresses. Des obstacles imprévus firent échouer ce plan
hardi, et Tuttavilla se hâta de gagner le quartier général des barons, qui l'attendaient impatiemment.

Cependant Don Juan, désireux d'entamer lui-même
des négociations efficaces, se servait de l'officieuse
entremise du curé de paroisse Arinello pour entrer en
correspondance avec le capitaine général. Saisissant
le prétexte que lui avait inspiré précédemment le

______

(1) Voir l'Appendice, n° 17.

vice-roi, il exprimait sa vive satisfaction de la façon
significative dont les Napolitains avaient accueilli le
portrait du monarque français. La lettre était affectueuse et laissait entrevoir la possibilité d'obtenir
d'assez larges concessions (1). Toraldo la lut aux
chefs plébéiens, et d'accord avec eux répondit en
termes fort respectueux (2), témoignant du reste que
les soupçons qui pesaient sur lui l'empêchaient de
contracter aucune espèce d'engagements.

Cette double démarche entraîna des réunions
populaires; les clauses d'un traité de paix furent
débattues et des parlementaires munis d'un sauf-
conduit délivré par le prince (3), se croisèrent sur
la route de Naples à Baya, porteurs des nouvelles
propositions. De la part des Napolitains elles se résu-
maient toutes à demander que S. A. prît le gouvernement du royaume, en confirmant la capitulation
arrachée au duc d'Arcos, et en livrant au peuple le
château Saint-Elme.

Cette dernière exigence rebuta le bon vouloir du

____

(1) Voir l'Appendice, n. 18.
(2) *Ibidem*, n. 19.
(3) *Ibidem*, n. 20.

jeune prince ; quelque disposé qu'il fût à satisfaire les prétentions les plus exagérées, il ne pouvait consentir à la remise d'une forteresse aussi importante. Les négociations se rompirent donc, et les hostilités recommencèrent avec un redoublement de fureur.

Les insurgés révoquent d'abord le tribut de quinze carlins par foyer voté le jour où l'on avait prêté serment à la capitulation additionnelle, dans la chapelle de Castelnuovo. Une guerre d'extermination est solennellement déclarée à l'Espagne et à tous les défenseurs de la cause espagnole. Un décret enjoint à tous les habitants du royaume de courir aux armes, et les chefs de la révolte, instruits des mesures prises par la noblesse pour tenir la campagne, publient une liste de proscription, où la tête des principaux seigneurs est mise à prix. Puis on envoie dans les provinces des circulaires menaçantes, annonçant que tous les bourgs et villages qui leur donneront asile seront impitoyablement incendiés.

Le peuple se méfiait toujours du général Toraldo, malgré la prudence de sa conduite ; il était dégoûté de Donnarumma dont les talents stratégiques n'avaient

jamais enfanté que l'expédition des buffles ; il voulut
mettre à sa place un soldat consommé dans l'art de la
guerre, et capable de diriger les opérations compli-
quées d'un siége en règle, la tactique devenant nécessaire même pour emporter les barricades élevées
au milieu de la capitale.

La multitude jeta les yeux sur Marco Antonio Brancaccio, qui, bien qu'âgé de plus de soixante-quinze
ans, avait conservé toute la vigueur de la jeunesse,
et jouissait d'une grande réputation militaire, juste-
ment acquise sous les bannières vénitiennes (1). La
haine qu'il portait aux Espagnols était aussi connue
que la résolution de son caractère. Les sédiles se
réunirent donc, et le proclamèrent sans discussion
mestre de camp général.

Don Francesco Toraldo fut très-sensible à ce nouvel affront. Si la nomination d'un lieutenant tel que
Donnarumma l'avait précédemment froissé dans son
orgueil, il était cette fois profondément humi-
lié de se voir adjoindre un homme qui l'égalait en
naissance et qui le surpassait en savoir.

(1) De Santis.

Brancaccio refusait de se rendre au vœu populaire, disant ouvertement qu'il ne voulait point se mettre à la tête d'une révolte, dont le dénouement, suivant toute probabilité, serait un arrangement avec les Espagnols, et d'atroces vengeances exercées par les vainqueurs. Mais comme ceux qui l'avaient élu l'assuraient d'une voix unanime que jamais pareille faiblesse ne serait à craindre, et qu'à partir de ce jour on combattait pour secouer le joug étranger, il accepta le mandat, décidé à le remplir avec énergie (1).

Quoique fort rares, les cris de *Vive le roi d'Espagne* retentissaient encore de temps en temps, inspirés par la force de l'habitude, ou poussés par les partisans de la maison d'Autriche. Brancaccio s'éleva vivement contre des acclamations aussi absurdes en présence des événements; il les défendit sous les peines les plus sévères. Puis il donna l'ordre d'abattre partout l'écusson royal, et s'étendit longuement dans ses allocutions à la foule sur l'avantage de se constituer en république libre et indépendante.

Ces projets révolutionnaires trouvèrent bientôt de

____

(1) De Santis. — Capecelatro, M. S. — Comte de Modène.

nombreux adhérents, ils n'étaient sanctionnés par
aucune délibération, et cependant la ville se considérait déjà comme l'âme d'une république napolitaine. La junte s'empressa même de rédiger un
document fort curieux intitulé *Manifeste du peuple,* qui parcourut l'Europe entière, et qui fut envoyé d'une manière officielle à plusieurs gouverne-
ments.

Toraldo n'exerçait plus que de nom l'autorité
suprême. L'ascendant que prenait le mestre de camp
Brancaccio, et l'impulsion qu'il donnait aux masses, sans compter pour rien le capitaine-général, lui
inspiraient des craintes sérieuses; mais retenu par le
sentiment de sa faiblesse, il ne s'occupa que de gagner
du temps, s'efforçant de contre-balancer l'influence
de son rival et d'entraver ses dangereux projets. Son
rôle devenait chaque jour plus embarrassant. Don
Juan d'Autriche le regardait comme un ennemi; le
vice-roi, comme un homme méprisable sur lequel on
ne pouvait pas compter; la neblesse, comme un dé-
serteur, et le peuple comme un traître, hypocrite
instrument de ses oppresseurs. Ceux qui désiraient
la paix savaient son impuissance à l'obtenir, et ses

amis les plus dévoués eux-mêmes ne lui pardon-
naient pas sa faiblesse et ses tergiversations. Sort
aussi triste que mérité des hommes qui, dans les
discordes civiles, prétendent servir tous les partis à la
fois, et se berçant d'un espoir chimérique, cherchent
à concilier les intérêts les plus inconciliables.

CHAPITRE XIV.

Aux portes de la cité d'Aversa, Tuttavilla trouva
les principaux chefs de la noblesse qui venaient à sa
rencontre avec des bandes formées de toutes sortes de
gens et qui lui témoignèrent le vif désir de régulari-
ser leurs opérations. Le général les entretint longuement de ses plans, s'enquit des ressources dont ils
pourraient disposer, et leur exposa la nécessité de dis-
cipliner les recrues, et de secourir sans retard les Espagnols enfermés dans les forts; puis il désigna le
poste que chacun devrait occuper et défendre, et se
mettant à la tête des compagnies les mieux organisées, il reprit la route de Naples, afin de s'emparer
d'abord du Vomero.

La famine commençait à menacer les troupes

royales. Le peuple s'était emparé des moulins de la tour de l'Annonciade gardés seulement par cinquante soldats allemands, et le vice-roi craignait que le même sort n'attendît les moulins non moins importants de Castellamare et de Gragnano. Il nomma gouverneur de la côte, don Pietro Caraffa, en lui donnant cent fantassins espagnols, et soixante cavaliers napolitains, forces suffisantes pour repousser toute agression populaire, car elles étaient composées d'hommes d'élite, commandés par des officiers tels que le marquis de Trevico, Battista Alberico, Alessandro Caracciolo, et le comte d'Oppido, dont la bravoure bien connue inspirait une confiance aveugle au soldat.

Dans le même temps une galère se rendait à Puzzoles portant des canons au général de la noblesse. Le duc d'Arcos y joignait un envoi de deux mille ducats en espèces, destinés à l'approvisionnement de l'escadre et des châteaux. Tuttavilla sut employer fort à propos ce double secours qui d'ailleurs ne vint pas seul, car il eut le bonheur de s'emparer en chemin d'un grand troupeau de bœufs que faisait venir un boucher de Naples, fougueux partisan de l'insurrection, et de découvrir au moyen de ses espions un dépôt considérable de vins, caché au milieu d'un bois très-épais.

Les deux prises furent immédiatement envoyées à Castelnuovo avec une grande quantité de farines que le duc de Maddaloni s'était chargé de procurer. Le vice-roi sentit renaître son courage, et les braves soldats que leur mauvaise fortune avait placés sous ses ordres, reprirent de nouvelles forces en bénissant le nom de l'heureux général, dont le prestige grandissait sensiblement.

De son côté Brancaccio avait voulu débuter d'une manière éclatante; il avait donné l'assaut à tous les faubourgs occupés par les Espagnols. Malheureusement pour lui, ses légions avaient été repoussées sur tous les points; et sa popularité souffrait gravement de cet échec inattendu qui semblait redorer un peu celle de son rival. Ce triomphe des armes espagnoles acheva de rassurer le vice-roi; il apprit aussi avec une vive satisfaction le retour à Baya de plu-sieurs galères, que la crainte d'être capturées par les croisières françaises, avaient retenues quelque temps dans le fort de Gènes, et que ramenait le duc de Tursi, mais l'arrivée de ce marin ne fut pas d'un grand secours au duc d'Arcos, car ses forces militaires se bornaient aux équipages de ses vaisseaux, et d'ailleurs à peine instruit des événements, il se rangea de l'avis du prince, désapprouvant tout ce qui s'était fait à Naples et se désespérant d'être arrivé trop tard pour empêcher par l'autorité de ses conseils le funeste accomplissement d'une aussi folle entreprise.

Bientôt cependant le mestre de camp général s'attira de nouveaux désastres en attaquant, pour réparer son premier échec, les retranchements de San Carlo de Mortelle. Une partie des habitants du faubourg se réunit aux troupes royales, et celles-ci combattirent si vaillamment, que les masses populaires, refoulées avec des pertes énormes, prirent la fuite en laissant les rues pleines de cadavres (1).

Une bande de six cents Napolitains, conduits par le boucher qui avait tranché la tête de l'infortuné Caraffa, n'eut point un meilleur succès dans un assaut qu'elle allait donner au poste de Porta-Medina. Quinze Espagnols seulement le défendaient, sans autres armes que des piques et des épées ; ils

(1) Capecelatro, M. S.

opposèrent néanmoins une si brillante résistance què les gens du boucher se retirèrent précipitamment. *Les Espagnols* (dit l'historien Santis qui est fort loin pourtant de leur être favorable) *conservèrent cette position importante à leur gloire immortelle et à celle de leur nation.*

Ces revers ne décourageaient pas encore le peuple, et l'insurrection ne se laissait point intimider. De nouvelles démarches de Don Juan, pour ménager un accommodement, demeurèrent complétement inutiles, malgré la prudente diplomatie du duc de Tursi son conseiller.

Sachant que la noblesse commandée par Tuttavilla préparait de loin le blocus de Naples, les chefs plébéiens songèrent à porter la guerre dans la province de Pouille, tant pour faire diversion, que pour tirer des approvisionnements de ce riche pays. Une expédition fut aussitôt dirigée contre la ville d'Ariano, bâtie sur une hauteur qui dominait la route et occupée par les troupes royales. Les habitants, désireux de secouer le joug du duc de Bovino leur seigneur, étaient tout disposés à ouvrir leurs portes aux insurgés et tenaient déjà la garnison en échec, lorsque les barons apparurent et mirent en fuite les légions populaires après un engagement très-meurtrier. Les Napolitains voulurent se réfugier à Bovino, mais cette ville qui, vainqueurs, les eût accueillis à bras ouverts, se hâta de les repousser après la défaite et ceux qui échappèrent aux poursuites de la cavalerie rentrèrent à Naples dans le plus grand désordre.

Ces avantages enflèrent l'orgueil du vice-roi, qui comptait déjà sur un revirement de la fortune. Il répartit entre les châteaux et les postes, les vivres que lui avait envoyés Tuttavilla ; puis, malgré le peu de munitions qui lui restaient, il ordonna de recommencer le bombardement, croyant donner ainsi le coup de grâce à l'insurrection, qu'il jugeait complétement découragée. De si flatteuses illusions devaient bientôt se dissiper.

Les chefs plébéiens reconnurent qu'ils n'avaient rien à gagner à ces luttes sans fin, que des attaques partielles dirigées contre des positions peu importantes étaient aussi infructueuses que des expéditions au dehors, dont le succès semblait plus qu'incertain, et qu'enfin ce qu'il faudrait avant tout, ce serait remporter un avantage décisif qui assurât l'occupation de la ville entière. En conséquence, ils songèrent à attaquer de pied ferme le fameux couvent de Sainte-Claire, où les Espagnols s'étaient fortement retranchés, après avoir repris pour la seconde fois cette admirable position. Situé au centre des principaux quartiers de Naples, le couvent de Sainte-Claire les dominait tous, et devenait pour ceux qui l'occupaient, la clef des communications entre les hauts et les bas faubourgs. Brancaccio se chargea de disposer les bataillons populaires et de les conduire à l'assaut. Don Francesco Toraldo dirigea les travaux stratégiques et ceux d'une mine qui devait faire sauter un angle de l'édifice (1).

Le 21 octobre, jour fixé d'avance pour l'expédition, les légions populaires prirent les armes avant le lever du soleil; elles étaient si nombreuses que cette multitude devenait embarrassante; l'habileté de Brancaccio pouvait seule les faire manœuvrer sans confusion. Le poste semblait perdu pour les Espagnols, à voir les forces et la bonne contenance de l'ennemi; mais lorsqu'on mit le feu à la

(1) Capecelatro, M. S.

mine, qui devait ouvrir une brèche aux assaillants, l'explosion se fit par un côté, sans causer le moindre mal au couvent ; et renversant au contraire les maisons avoisinantes, elle ensevelit sous leurs décombres tous les insurgés qui s'y étaient établis.

Le bruit effroyable de la mine est suivi d'une rumeur plus sinistre encore ; le cri de *trahison !* sortait de toutes les bouches, la multitude *clouait sur Toraldo des regards flamboyants.* Le prince reconnaît sur-le-champ le péril de sa situation, il fait faire volteface à son cheval, et pense tout d'abord à se soustraire aux fureurs populaires ; mais il comprend qu'en essayant de fuir, il paraît justifier d'injustes soupçons. Il serre donc la bride et demeure impassible.

Une sortie vigoureuse des soldats achève de mettre en déroute la populace. Elle se rue sur le malheureux général, elle le presse violemment, elle l'entraîne vers la place du Marché, l'accablant d'injures, le chargeant de malédictions. Il essaye de parler ; mais sa voix se perd dans le tumulte ; en vain ses amis veulent-ils le secourir, en vain ses partisans, cherchent-ils à distraire la foule ; avant d'arriver

à la place, où peut-être il eût trouvé des défenseurs, il était déjà tout meurtri, et criblé de coups
poignard. Il tomba dans un endroit appelé *la Pietra
del Pesce,* et lorsqu'on lui coupa la tête, sa bouche
murmurait encore ces paroles : *Je meurs pour Dieu,
pour le roi et pour le peuple. Je jure que toutes mes
actions n'ont eu d'autre but que de concilier les esprits,
et de rendre la paix à ma patrie désolée* (1)... Son ca-
davre fut pendu par un pied à une potence sur la
place du Marché. On en avait arraché le cœur que
par une inhumanité plus que barbare, une partie du
peuple alla présenter dans un bassin à la princesse sa
femme, au couvent où elle s'était réfugiée depuis
quelques jours (2).

Infortuné gentilhomme! il ignorait que dans les
discordes civiles, les bonnes intentions sont inutiles,
autant que le désir de concilier les esprits, et que pour
rétablir la tranquillité dans un pays révolté, déchiré
par des factions furieuses, il faut une énergie de bronze,
un prestige d'ange et une force de colosse qui per-

(1) De Santis. — Capecelatro, M. S. — Raphaël de Turris. — Comte de
Modène.
(2) Comte de Modène.

mettent de maîtriser tous les partis. Ce n'est point en
les flattant successivement, en écoutant toutes les
exigences et en marchant de concessions en concessions, que l'on parvient à ramener l'union et la concorde, on n'arrive à ce résultat qu'en imposant le
respect et le silence à tous.

CHAPITRE XV.

Après la mort tragique de ce capitaine général, élu avec tant d'enthousiasme par le peuple peu de mois auparavant, il semblait que le commandement suprême dût passer aux mains de Brancaccio : ardent non moins qu'incorruptible, il n'avait donné que ce but à son ambition. Mais homme de guerre avant tout, n'ayant ni le jugement assez sûr, ni l'esprit assez vif pour dominer la situation, ne pouvant d'ailleurs se faire un titre de ses succès, car la fortune l'avait peu favorisé depuis qu'il dirigeait, en qualité de mestre de camp, les opérations des insurgés, il eut le chagrin de se voir préférer un homme dont le caractère et le peu de courage rappelaient la basse extraction.

A la suite d'une délibération tumultueuse, et cédant, comme d'habitude, à un caprice d'engouement, le peuple éleva Gennaro Annese de l'humble position de gouverneur de la tour du Carmel à la dignité suprême du faîte de laquelle venait de tomber Francesco Toraldo, prince de Massa, l'un des plus grands seigneurs du royaume.

Ce même jour, 22 octobre, le vote unanime de toutes les ottines, obtenu par surprise, vint confirmer cette élection étrange ; et l'artisan ignorant et grossier, le maître arquebusier Gennaro Annese, acceptant sans hésiter le titre de généralissime, prit possession de ce poste élevé où l'appelait, en dépit de son intelligence des plus vulgaires, de son courage qui était encore au-dessous de son intelligence, et de son habileté plus que contestable, une faveur aveugle de la fortune ; il publia immédiatement une sorte de proclamation signée de lui et contre-signée par Vincenzo d'Andrea (1).

Ce secrétaire improvisé était avocat ; il connaissait à fond toutes les arguties du droit, et comptait de nombreux clients dans la populace. Dès le premier jour, il reproduisit d'un ton arrogant et avec

(1) Voir l'Appendice, no 21.

une verbosité pédantesque, l'idée, déjà émise, de fonder une république. Il rappela que Naples avait possédé jadis cette forme de gouvernement, et ne reculant devant aucun sophisme, il s'appuya d'exemples historiques qu'il interprétait à sa manière, pour faire ressortir tous les avantages du système en faveur duquel il se prononçait et dont, selon lui, le pays avait fait autrefois la plus heureuse expérience.

De telles harangues, où la poésie venait en aide à la politique, achevèrent de briser les liens, déjà bien affaiblis, qui unissaient ces belles contrées à la couronne d'Espagne; et il ne sera pas sans intérêt de faire remarquer, bien que ce soit anticiper sur notre récit, que ce même Vincenzo d'Andrea fut plus tard un de ceux qui contribuèrent le plus efficacement à la restauration absolue du pouvoir espagnol, ce dont il fut au reste largement récompensé (1).

Blessé au vif par le choix récent du généralissime, et non moins irrité de ce que le secrétaire légiste, avec l'audace et l'aplomb des gens de sa profession, se mêlait de donner des conseils sur

____

(1) De Santis.

des mesures qui touchaient aux opérations militaires, Brancaccio déclara nettement qu'il renoncerait à s'occuper de ses attributions spéciales, si l'on ne lui laissait pas une entière liberté d'action. Alors Gennaro Annese, qui ne pouvait se faire illusion sur sa complète ignorance dans l'art de la guerre, craignant d'ailleurs de mécontenter les vétérans qui formaient la principale force des légions populaires, et qui tous étaient dévoués au parti du mestre de camp, déclara publiquement qu'à ce dernier seul appartenait le commandement des bandes armées et la direction de la guerre. La mésintelligence n'en subsista pas moins, le pouvoir du nouveau généralissime manquant d'unité et de consistance dès son origine, et les éléments divers de cette société artificielle perdant en même temps la force qui naît du concours de toutes les volontés et de tous les efforts.

Cependant, le général Tuttavilla manœuvrait pour resserrer le blocus de la cité de Naples; il occupait les villages environnants. Giacomo Russo, homme résolu, et qui ne manquait pas d'expérience dans le métier des armes, sortit avec des forces considérables pour entraver les opérations. Il commença

par attaquer quelques maisons isolées que défendait
le capitaine Don Ignacio de Retes, à la tête de cinquante Espagnols. Ceux-ci firent une si belle défense, qu'ils donnèrent le temps à Tuttavilla d'accou-
rir avec ses forces ; mais les insurgés, profitant de
l'avantage du terrain, prirent une forte position, et
engagèrent le combat avec acharnement. Le marquis
de Longarino tomba frappé d'une balle à côté de Tuttavilla, il portait un pourpoint de même couleur que
celui du général, et son casque était surmonté d'un
cimier absolument semblable. Les troupes royales,
croyant leur chef mort, perdirent courage et la cavalerie s'enfuit à toute bride jusqu'aux portes d'Aversa
où elle apporta la nouvelle de la perte que venait de faire l'armée. Giacomo Russo profite, en
homme habile, de l'occasion que lui offre une
telle déroute ; il charge avec intrépidité, et, bien que
l'infanterie espagnole, revenue de cette panique
et ralliée par le vaillant marquis de San-Giuliano, fut
parvenue à regagner du terrain, et à reprendre quelques positions, elle n'eut point les honneurs de cette
journée.

Les troupes royales se retirèrent à la faveur de la

nuit, abandonnant à l'ennemi des armes, des bagages
et un assez grand nombre de prisonniers, qui furent
tous égorgés. Le chef des insurgés revint à Naples
dans l'enivrement de son triomphe, étalant aux regards de la populace les dépouilles conquises sur les
Espagnols : parmi ces trophées figuraient les têtes
des prisonniers qui s'étaient rendus, et que les Napolitains examinaient avec une curiosité cruelle, cherchant à reconnaître celles du général Tuttavilla, du
duc de Maddaloni et de quelques autres personnages particulièrement haïs et redoutés.

A Aversa la consternation était grande; l'importance de ce grave échec avait été grossie encore par
les récits exagérés des fugitifs, mais le retour de Tuttavilla sain et sauf, et la relation exacte de l'affaire,
rassurèrent les esprits et contribuèrent au rétablissement de l'ordre.

A Naples, Brancaccio avait essayé de plusieurs
moyens d'attaque qui n'eurent point un heureux
succès. Il fit creuser dans la rue de Saponari, une
mine dirigée contre le couvent de la Nuova; mais il
échoua dans cette tentative, comme avant lui l'infortuné Toraldo.

Gennaro Annese publie un décret portant peine de mort contre les barons armés qui ne viendraient pas, dans un court délai, se ranger sous les bannières du peuple ; et le duc d'Arcos, pour ne point rester en arrière, en rend un autre qui était la contre-partie du premier. Au reste, on doit dire à son honneur, que depuis la mort de Toraldo, il était sorti plusieurs fois, soit à pied soit à cheval, pour aller reconnaître les postes, comme il aurait dû le faire dès le commencement, dictant ses ordres, et encourageant par sa présence les soldats qui se sacrifiaient sans fruit, dans l'espoir de mener à bonne fin des plans mal conçus.

Tuttavilla craignait non sans raison que son autorité ne fût pas respectée autant qu'il eût été nécessaire pour la conduite d'une guerre aussi difficile. Un corps d'armée composé de barons et de gentilshommes commandant leurs vassaux armés et entretenus à leurs frais ou des brigands dévoués à leur personne, lui paraissait peu propre aux exigences d'une discipline sévère. Il appréhendait que chacun de ces chefs ne cédât à la fantaisie de guerroyer pour son propre compte, à la manière des condottieri.

Ces craintes lui ôtaient l'énergie que donne seule la
confiance. Il se plaignit plusieurs fois des embarras
de sa position. Informés de ses perplexités, les barons,
sacrifiant à l'intérêt commun leurs prétentions personnelles, .résolurent de rassurer Tuttavilla par la
promesse d'une obéissance sans bornes. Ils rédigèrent
à cet effet un acte public, document curieux, dans
lequel ils lui reconnaissent formellement le droit de
les commander et de les diriger (1).

Muni de cette autorisation dont le caractère
exceptionnel peint d'une manière si frappante l'indépendance féodale de l'époque, le général passa
en revue les forces des barons, pour se rendre un
compte exact des ressources qu'elles présentaient. Il
ne lui fut pas difficile d'en reconnaître la faiblesse et
la mauvaise organisation (2), il en donna avis au
duc d'Arcos, afin de réduire à leur juste valeur ses
calculs et ses espérances.

Tuttavilla n'en fortifia pas moins Aversa du mieux
qu'il pût, et n'en mit pas moins d'ardeur à réorga-
niser ces troupes disparates ; après quoi il entra de

(1) Appendice, n. 22.
(2) Appendice, n. 23.

nouveau en campagne dans le but d'intercepter les
vivres et les secours que l'on pourrait diriger sur la
capitale.

Dès le même temps, on commençait à reconnaître à Naples l'impossibilité de s'emparer des positions
fortifiées qui dominaient la ville ; et comme conséquence naturelle du découragement qui résultait de
toutes ces tentatives avortées, des voix s'élevaient dans
les réunions populaires, pour demander un accommodement avec les Espagnols, sous la réserve que
le souverain pontife en serait le médiateur, et ga-
rantirait l'exécution loyale de la capitulation. Le
bruit en parvint à la connaissance du comte d'O-
ñate, ambassadeur de Sa Majesté Catholique à Rome,
qui, sans perdre de temps, supplia le Saint-Père d'u-
ser de son influence. Le pape appréhendait toujours
que les Français ne s'emparassent de Naples ; il se
prêta de bonne grâce aux sollicitations du comte,
et chargea le Nonce Altieri d'entamer des conférences avec le vice-roi et le généralissime du peuple ; mais
de plus en plus aveuglé par son obstination, le duc
d'Arcos repoussa rudement ces offres en donnant
pour prétexte qu'ayant engagé les barons du royaume

dans cette guerre, il ne lui paraissait pas convenable
de traiter avec les rebelles, sans avoir obtenu leur
consentement.

De son côté, Gennaro Annese répondait avec arro-
gance qu'un accommodement était impossible ; que le
peuple était las de se voir trompé par les promesses
des Espagnols, et qu'il était résolu à se constituer en
République indépendante (1). C'était la première
fois que l'on posait nettement cette question qui
changeait toute la physionomie des événements, ajou-
tant à la gravité des circonstances.

Le 25 octobre, Giovanni Luigi del Ferro, le même
qui avait exposé avec si peu de succès le portrait du
monarque Très-Chrétien, et qui, dans les assemblées
populaires, se donnait le titre, assez mal justifié,
de son ambassadeur, présenta au chef suprême de
la république napolitaine, une lettre du marquis
de Fontenay, dans laquelle le représentant du roi
de France offrait au peuple, au nom de son maître, une flotte de cinquante gros vaisseaux et de
vingt galères, et de plus un million de ducats qu'au-

______

(1) De Santis.

rait à solder le négociant Tadeo Barberino. Lue à haute
voix dans l'église du Carmel, cette communication
excite un enthousiasme général, et la multitude déjà
gagnée au parti français, demande à grands cris que
l'on fasse disparaître tous les portraits de Philippe IV,
de Charles-Quint et des autres souverains espagnols,
et que l'on expose de nouveau sous un dais celui du
roi Très-Chrétien, au milieu de la Grande Place. Les
masses, dans un premier moment d'entraînement,
allaient exécuter l'une et l'autre de ces injonctions,
lorsque les plus sensés s'opposèrent à la seconde,
faisant observer que puisque l'on combattait désormais pour une question d'indépendance nationale, il
ne convenait point de substituer un maître à un autre,
une domination étrangère à celle qu'on venait de
renverser, et que, ce point une fois décidé, il ne devait
pas être plus question de la France que de l'Espagne,
mais uniquement de Naples.

Cette opinion si fondée en raison prévalut : les
images de Notre-Seigneur Jésus-Christ et de saint
Janvier furent placées sous le dais (1). On répondit

____

(1) De Santis. — Raphaël de Turris. — Agnello de la Porta, M. S.

d'ailleurs aux offres de la France par d'autres démonstrations de joie et de gratitude, en évitant soigneusement de reconnaître dans la générosité française un caractère de suprématie et de protection. Ce qui prouve qu'il ne manquait point d'hommes d'intelligence et d'un jugement sûr parmi cette multitude passionnée et sans frein.

CHAPITRE XVI.

Tandis que ces événements se passaient à Naples,
Tuttavilla, rentré en campagne, resserrait le blocus
de la ville, conservant et renforçant les positions militaires de Puzzoles, Aversa et Acerra, et occupant
les villages intermédiaires, de sorte que le manque
de vivres ne tarda pas à se faire sentir d'une manière
sérieuse aux assiégés. Pour remédier à cette pénurie
d'approvisionnements, Gennaro Annese voulut tirer
des ressources de Palerme et des fertiles côtes d'A-
malfi, mais la communication avec ce pays était in-
quiétée par deux cents chevaux sous les ordres de
Don Carlo Caraffa, qui restait maître de Cellamare,
et du pont de Scafati. Les rebelles essayèrent de
s'emparer de ce passage important de vive force
ou par surprise; mais ayant trouvé Tuttavilla prêt

à les recevoir, ils furent repoussés complétement défaits, et rentrèrent dans Naples en pleine déroute.

Néanmoins ni ces avantages, ni d'autres succès partiels et qui se renouvelaient journellement, n'étaient de nature à inspirer une entière confiance à un général aussi actif et aussi expérimenté. Ne pouvant se faire illusion sur la faiblesse numérique et la mauvaise organisation des forces dont il disposait, il écrivit encore une fois au vice-roi dans les termes les plus pressants, lui déclarant que s'il restait réduit aux troupes des barons, dont il montrait le côté défectueux et aux ressources d'un pays entièrement épuisé, il lui serait impossible de poursuivre la guerre (1).

Sur ces entrefaites, les seigneurs féodaux instruits des ouvertures du pape et de la réponse du duc d'Arcos, qui les représentait comme le seul obstacle à un accommodement, s'indignèrent avec raison ; et sans vouloir compter davantage avec le vice-roi, ils adressèrent directement à Don Juan d'Autriche

(1) De Santis.

une respectueuse protestation, laquelle portait en
substance : « qu'ils ne s'opposeraient jamais à une
réconciliation fraternelle ; qu'ils avaient les armes à
la main, pour témoigner de leur fidélité loyale, et
pour soutenir les droits souverains du roi d'Espagne,
mais non pour opprimer le peuple et dévaster le pays ;
et que, loin de repousser une transaction, ils suppliaient Son Altesse d'accorder au peuple les grâces,
pardons et franchises qu'il pourrait requérir, sous la
seule condition de déposer les armes et de se soumettre
sans arrière-pensée à tout ce qui serait juste et raison-
nable, mettant en première ligne le service du roi et
le bonheur des Napolitains (1). »

Le peu d'espoir de Tuttavilla joint à ces bonnes
dispositions de la noblesse, déterminèrent alors Don
Juan d'Autriche à tenter de nouvelles négociations.
Malheureusement, dès les premières démarches, qu'il
fit d'ailleurs avec la prudence commandée par la situation et sans compromettre sa dignité, il vit clairement qu'il était trop tard, que les circonstances n'é-
taient plus les mêmes, que l'insurrection avait pris le

(1) De Santis. — Raphaël de Turris. — Comte de Modène. — Donzzelli, M. S.

caractère d'une rébellion ouverte, et que le peuple
napolitain ne combattait plus désormais pour telles
ou telles franchises, tels ou tels priviléges, mais bien
pour conquérir l'indépendance nationale, en se-
couant le joug de l'étranger.

Ces résolutions annonçaient assurément des sentiments de générosité et de noblesse, mais l'entreprise était d'une difficulté telle, qu'il fallait presque
de la démence pour espérer la conduire à bonne
fin : la divergence des idées, la lutte entre les intérêts dont le pays semblait la proie, les moyens sur
lesquels on comptait pour réussir, et les caractères des
meneurs, hommes de pensées basses et perverses et
d'une capacité des plus médiocres, formaient autant
d'obstacles qu'il devenait à peu près impossible de
surmonter.

Les galères amenées par le duc de Tursi portaient un mestre de camp général nommé par le
roi. C'était Don Dionosio de Guzman. En conséquence le baron de Batteville résigna son commandement qu'il ne tenait que du vice-roi. Mais
le duc d'Arcos envisageait avec crainte le danger d'un changement de direction dans les opé-

rations militaires, si le valeureux Bourguignon déjà
au fait de ce genre de guerre et en connaissant parfaitement le terrain, se retirait pour remettre le commandement à un capitaine, d'une haute réputation
sans nul doute, mais ayant à faire l'étude d'un pays
nouveau pour lui, et qui, au désavantage d'être in-
connu des soldats, joignait les infirmités de la vieil-
lesse, et les souffrances d'une goutte opiniâtre. Le
duc d'Arcos négocia donc habilement, et s'arrangea
de telle sorte que Batteville conserva le commandement effectif des troupes, tandis que Guzman se contenta, sans en paraître froissé, du rôle de suprême
conseiller de guerre.

Cette affaire épineuse ainsi réglée, le vice-roi, pour
activer les opérations de Tuttavilla, lui envoya à
Nola cent quatre-vingt-dix chevaux, avec l'ordre
formel de resserrer le blocus et de soumettre les
provinces limitrophes, tout en veillant à la conservation du pont de Scafati, dont les Napolitains tenaient
tant à s'emparer. Le duc de Castel-Sangro et le
grand-prieur Caracciolo étant arrivés à Aversa avec
quelques forces, précisément au moment où cet
ordre était reçu, le général chargea sur-le-champ

Piccolomini et le duc de la Regina de conduire des renforts à la tour qui défendait le passage de ce fameux pont. Ces deux seigneurs y placèrent pour garnison quarante Espagnols et autant d'Allemands avec le capitaine Mengical et le sergent Serra, homme d'un bravoure proverbiale. De son côté, le prince de Montesarchio coupait les conduits qui donnaient de l'eau aux moulins de l'Annonciade, où les rebelles venaient encore s'approvisionner de farines, en bravant tous les périls.

Grande fut la terreur que jeta dans Nocera l'approche des troupes royales ; le chef des insurgés de Palerme s'empressa d'appeler à son aide Ippolito Pastena, et il y eut des escarmouches très-vives entre les bandits que commandait ce dernier, et ceux qui obéissaient à Tuttavilla. Mais le pont de Scafati demeurait imprenable ; le général de la noblesse enleva successivement les bourgs d'Avella, Barjano et Mugnano, s'empara aussi de Somma et de Marigliano, et ferma complétement la ligne de blocus autour de Naples. En même temps qu'il affamait la capitale, il envoyait au vice-roi des secours considérables en vivres et en argent.

Réduit à ces extrémités, le peuple comptait les jours qui se succédaient sans lui apporter aucune nouvelle de l'escadre ni des subsides promis au nom du roi de France. Le bruit commençait à se répandre que la lettre du marquis de Fontenay, présentée par Luigi del Ferro, et lue sur la place du Carmel, aux acclamations de la multitude, était aprocryphe, et n'avait d'autre but que celui de tromper le peuple, en l'engageant plus avant dans une guerre désastreuse, où il ne recueillait que fatigue et souci. Ce qui donnait plus de consistance à ce soupçon, c'est que cette pièce avait disparu aussitôt après la lecture, et que tous les efforts qu'on avait faits pour la retrouver, afin d'en méditer le contenu, étaient demeurés infructueux. La méfiance du peuple était montée à un tel point qu'un frère du couvent des Capucins, ayant produit une autre lettre revêtue du sceau et de la signature, contrefaits ou authentiques, de l'ambassadeur de France, et où étaient reproduites les mêmes offres, peu s'en fallut que ce religieux ne fût massacré sur la place. Il ne dut la vie qu'à l'ordre donné par Gennaro Annese de le jeter dans un cachot, jusqu'à plus ample information.

A cet effet, le généralissime du peuple envoya à Rome avec des pouvoirs réguliers et des instructions suffisantes, un certain Nicolo Maria Mannara, qui devait s'entendre directement avec le marquis de Fontenay, et lui demander des secours au nom de la République napolitaine. L'historien Santis avance que cet envoyé était le docteur Francesco Patti, mais il est évident qu'il se trompe, ce dernier n'ayant reçu qu'ultérieurement une mission entièrement distincte. Notre rectification s'appuie sur le témoignage du comte de Modène, qui eut, comme nous le rapporterons en son lieu, l'occasion de traiter avec l'un et l'autre de ces deux négociateurs, et qui prit lui-même une part très-active aux conférences.

C'était pour la première fois qu'avec un caractère officiel et ostensible, des négociations formelles s'entamaient entre les révoltés ou plutôt les rebelles de fait, d'une part, et la couronne de France de l'autre. Effectivement, quoique les choses fussent déjà bien avancées, tout, jusque-là, s'était passé sans qu'on s'écartât d'une certaine réserve; par des moyens couverts, par des personnes sans importance et sans responsabilité, dans des réunions privées, et en de-

hors de l'autorisation avouée des juntes populaires
ou des chefs de mouvement.

Don Juan d'Autriche ne tarda pas à reconnaître
que la situation devenait grave et périlleuse ; et que si,
dans l'état de lassitude et d'épuisement où se trouvaient les troupes espagnoles que soutenait seule une
héroïque fermeté, il se présentait tout à coup une escadre française avec des troupes de débarquement
pour appuyer la rébellion, la perte de Naples n'était
pas douteuse. Il confia donc à de nouveaux émissaires le soin de renouer les négociations en faisant bril-
ler des offres plus avantageuses ; mais ils n'obtinrent
qu'une seule réponse, à savoir : qu'étant déjà entré
en relation avec le roi de France, le peuple, n'avait
plus à traiter ni avec le roi d'Espagne, ni avec le
prince son fils, non plus qu'avec leurs ministres.
Alors, Don Juan qui s'était possédé jusqu'à ce jour
perdit enfin son sang-froid ; il eut un violent mouvement de colère, et ordonna de poursuivre vivement
la guerre, sans garder désormais aucun ménagement
pour la ville rebelle (1).

(1) De Santis. — Capecelatro, M. S.

De son côté, le duc d'Arcos avait voulu tenter aussi
la fortune, il avait envoyé en secret un homme à lui
chargé d'offrir à Gennaro Annese une grosse somme
d'argent et un emploi considérable dans la péninsule,
s'il consentait à livrer la tour du Carmel, et à contribuer, autant qu'il serait en son pouvoir, à étouffer
la rébellion. Mais l'ancien arquebusier, soit méfiance de cette promesse et de la sincérité du vice-roi,
soit qu'il obéît à un mouvement passager de désintéres-
sement et de générosité, ou peut-être que l'ambition
l'emportât chez lui sur l'avarice, dénonça publiquement les ouvertures qui lui étaient faites en donnant
l'ordre de pendre sur-le-champ le messager.

Cette démonstration lui fut d'une grande utilité;
et pour achever de dissiper les nuages qu'on s'efforçait de répandre sur sa conduite, ainsi que les bruits
de carrefours tendant à ébranler son autorité, il publia, le 29 octobre, une proclamation où toutes ces
machinations occultes étaient attribuées aux Espagnols, qui, inquiets, disait-il, de l'habile direction
imprimée aux ffaires, en agissaient de la sorte afin de
le dépopulariser (1).

(1) Voir l'Appendice, n. 24.

Cependant la guerre continuait dans la ville, les assauts donnés aux postes fortifiés, les escarmouches au milieu des rues, se répétaient chaque jour. Aux environs de Naples, le général Tuttavilla maintenait vigoureusement le blocus. Il avait eu à soutenir une rude attaque au pont de Scafati; la victoire était sanglante, mais il l'avait remportée. Castelnuovo balayait, avec son artillerie, la rue *del Puerto*, ce qui incommodait au dernier point les rebelles. Profitant d'une nuit obscure, ils creusèrent en silence, avec une intelligence et une promptitude admirables, une large tranchée complétement couverte par une sorte de rempart, à la construction duquel ils employaient des sacs de laine et de coton, et jusqu'à des ballots de drap, des tapis, de riches étoffes et des marchandises précieuses du Levant, dont ils s'étaient emparés de vive force dans les entrepôts de la marine.

Lorsqu'au point du jour, le duc d'Arcos aperçut cette fortification à l'épreuve du boulet, qui compromettait gravement la sûreté de la place, il entra dans une colère furieuse, et ordonna de pendre à l'instant les sentinelles aux créneaux pour n'avoir point signalé cette opération. Elles cherchèrent vainement à s'excuser sur l'obscurité de la nuit.

.Si, dans la ville, le peuple n'avait pas gagné de terrain, on n'en avait pas gagné sur lui, et il n'avait éprouvé aucun revers assez décisif pour lui faire perdre courage. Ce qui le consumait lentement, c'était le manque de vivres ; la fatigue de tant de combats qui le laissaient au même point, commençait d'ailleurs à se manifester. Quel qu'en soit donc le motif, qu'on l'attribue à un besoin universel de repos, au temps qui allait calmant l'ardeur et l'enthousiasme des masses, ou enfin aux menées occultes des partisans du vice-roi, toujours est-il que des symptômes d'abattement, et le désir de sortir d'une façon ou d'une autre, d'une si intolérable situation, éclataient déjà librement dans les groupes.

D'un autre côté, comme dans les jours de troubles et de sédition, les ambitions pullulent, que le pouvoir passe de main en main, chacun aspirant à en savourerl' enivrement ; et que quiconque le tient, qu'il en use bien ou mal, est par cela même déconsidéré, vilipendé, par ceux qui brûlent d'en jouir à leur tour, on répandit avec plus d'animosité que jamais les

bruits qui tendaient à dépopulariser Gennaro Annese. Celui-ci, dans son dépit, enfanta un décret
dont l'extravagance passait toutes les bornes; il allait
jusqu'à défendre les conversations sur la situation
des choses, et à interdire, sous peine de mort, de
prononcer son nom. Il proscrivait également sous
la même peine toute réunion publique ou clandes-
tine, sans excepter celles des Sédiles, des chefs militaires, et des capitaines d'Ottines, fût-il question
d'ailleurs de s'entendre sur les opérations de la
guerre (1).

Une telle mesure frappa de terreur la multitude et
imposa silence à tous; mais Brancaccio qui poussait
la haine contre le capitaine-général jusqu'au mépris,
jeta le premier cri contre cette mesure en prétendant,
non sans raison, qu'elle affaiblissait son autorité militaire. Pour ces motifs, et en outre parce qu'il se
sentait vivement blessé de ce qu'on ne faisait aucune
mention de lui dans les lettres écrites au marquis de
Fontenay, il eut avec Annese une altercation des plus
violentes, dont le résultat fut qu'il abandonna com-

(1) De Santis. — Donzzelli.

plétement sa part de pouvoir et qu'il s'éloigna tout à fait des affaires publiques.

Ces événements, en divisant de plus en plus les esprits que la discorde travaillait depuis longtemps, rendaient impossible l'établissement de cette république, rêvée par des cerveaux malades. On allait bientôt l'immoler dans son berceau, et renoncer même aux idées de nationalité, en appelant à Naples un prince étranger.

CHAPITRE XVII.

Dès le moment où quelques barques de l'île de
Procida, en apportant des fruits à Rome, avaient répandu les premières nouvelles de ce qui se passait à
Naples, et de l'élévation de Masaniello au pouvoir
dictatorial, l'ambassadeur de France près le Saint-
Siége, marquis de Fontenay-Mareuil, avait tenu son
gouvernement au courant des progrès de l'insurrection.

Malgré son insistance à signaler l'occasion favorable qui se présentait d'enlever à la couronne d'Espagne le royaume de Naples, et bien qu'il eût envoyé
des agents secrets pour exciter l'effervescence populaire, et donner aux choses la tournure qui convenait
le mieux aux intérêts français, le marquis n'avait
point reçu de sa cour une réponse aussi précise qu'il

l'aurait désiré et qu'il s'y était attendu. Il se voyait donc obligé d'agir avec une certaine circonspection, sans laisser échapper néanmoins les fils des trames cachées dont il espérait tirer avantage au besoin dans le sens des instructions qu'il se flattait d'obtenir.

Le cabinet français laissait percer l'intention de ne point pousser avec trop de vigueur la guerre contre l'Espagne. Les hostilités étaient mollement poursuivies ; on ne se lançait point dans de nouvelles entreprises, de peur de rendre impossible un accommodement prochain. C'est pourquoi le cardinal Mazarin, tout en comprenant parfaitement quels avantages on pourrait tirer des troubles de Naples, résolut d'attendre les résultats sans se prononcer, et sans aventurer pour le moment le crédit et le pouvoir de la France. Toutefois, ne voulant pas être pris au dépourvu, il ordonna de préparer à Toulon une escadre considérable qui mettrait à la voile au premier avis.

A Paris on s'occupait beaucoup de l'Italie, plusieurs personnages influents étaient d'avis qu'on dirigeât des troupes sur Naples, et parmi les plus empressés et les plus ardents à conseiller cette détermination, se faisait remarquer le prince de Condé qui offrit d'entreprendre l'expédition à ses frais, mais il rencontra dans son gouvernement une opposition formelle et inébranlable.

Cependant les événements se développaient rapidement. A Rome, Henry de Lorraine, duc de Guise, travaillait à s'emparer de la situation sans s'inquiéter de l'ambassadeur de France, ni même du cabinet français. Ce jeune prince, d'un courage bouillant et aventureux, d'un physique imposant et de manières attrayantes, non moins brave que généreux, mais d'un jugement peu mûr, se trouvait alors à la cour pontificale pour solliciter l'annulation de son étrange mariage avec la veuve du comte de Bossu. Il désirait en contracter un autre, aussi mal assorti du reste, avec mademoiselle de Pons, qu'il aimait éperdument.

Désespéré des lenteurs et des obstacles de la curie ecclésiastique, il songeait à retourner à Paris, où l'appelait avec instance sa maîtresse, lorsque la nouvelle des événements de Naples le retint. Le duc était accompagné du sagace et judicieux baron de

Modène, le même qui portant plus tard le titre de
comte, écrivit une relation historique de ces événements, que nous avons souvent consultée. Le hasard l'avait mis en rapport avec ces mariniers de
Procida qui annoncèrent à Rome l'insurrection de
Naples, il les présenta au duc, et celui-ci jeta les
bases d'un plan hardi dont on verra bientôt les
résultats.

Le duc de Guise descendait, par les femmes, de
Réné d'Anjou, et ce souvenir enflammant son ambition, il se crut fondé à revendiquer les droits de ce
prince à la couronne de Naples, se flattant de mettre
à profit les circonstances dans l'intérêt de son élévation future. Il reçut les gens de Procida avec une
grande joie, les traita libéralement, les flatta outre
mesure, et les chargea de faire savoir aux Napolitains
qu'il se trouvait à Rome un prince de la race de leurs
anciens rois, prêt à se sacrifier pour les aider à recon-
quérir leur liberté. Et en effet, ces rudes mariniers
furent les premiers à répandre parmi la population
révoltée l'idée d'une intervention française.

A partir de ce moment, le duc saisissait toutes
les occasions de voir et d'influencer les Napo-

litains que la peur de l'insurrection ou leurs affaires amenaient à Rome. Il alla même jusqu'à envoyer à Naples des messagers qui furent recon-
nus, arrêtés et pendus à Gaëte. Il essaya aussi
de faire appuyer ses prétentions par le marquis
de Fontenay ; mais l'habile diplomate les accueillit
avec tant de froideur, que l'ambitieux jeune homme
se promit de lui cacher désormais ses démarches,
et de rechercher par d'autres voies l'appui de la cour
de France. Il s'adressa au cardinal de Sainte-Cécile,
frère de Mazarin, et offrit de faire épouser à une nièce
de ce prélat, son frère, le duc de Joyeuse, s'il réus-
sissait à lui ménager la protection du cardinal-ministre, et l'appui de la France. Le cardinal de Sainte-
Cécile entendit avec plaisir et même avec transport
les confidences et les propositions du prince français. Aussi léger que lui et d'une imagination non
moins vive, il arriva bientôt à se figurer qu'en plaçant la couronne sur la tête du duc de Guise, il assurerait la tiare à son frère Mazarin ; en tous cas
une alliance avec une famille royale n'était point
à dédaigner. Aussi n'eut-il rien de plus pressé que
d'écrire au cardinal-ministre dans les termes qu'il

croyait les plus propres à le déterminer. Mais Mazarin, dont le génie avait une plus haute portée,
et dont une rare prudence dictait les démarches, lui
répondit en employant de ces termes qui ne disent
rien de positif, tout en laissant beaucoup à penser,
et peuvent dès lors se prêter également aux éven
tualités diverses d'une affaire hasardeuse et compliquée (1).

Cependant le duc de Guise en cherchant de nouveaux moyens de communication avec les Napolitains, avait appris qu'un frère du fameux Domenico
Perrone, était à Rome. Il s'empara de lui, et sut le
déterminer à partir, muni de lettres et d'instructions
précises : mais la fortune qui semblait se jouer de
tant d'ambition, fit arriver cet agent à Naples au
moment même où Domenico Perrone venait de
disparaître si tragiquement de la scène politique.

Les partisans de la France ne se donnaient pas
moins de mouvement. D'autres envoyés napolitains,
parmi lesquels étaient Lorenzo Tontoli, et Agostino
de Lieto, se rendirent auprès du marquis de Fontenay,

(1) Comte de Modène.

et parurent à Rome, avec le titre donné ou usurpé de
Résidents du peuple Napolitain (1). Le duc de Guise
noua des relations fort étroites avec eux par l'entremise du baron de Modène, et celui-ci comme son maître tomba dans une grave erreur, grâce aux rapports
exagérés de ces agents, qui, étant intéressés à donner
de l'importance à leur cause, grossissaient les ressources sur lesquelles on pourrait compter. Jugeant donc
l'entreprise plus facile qu'elle ne l'était, le duc et le
baron ne négligèrent ni les démarches ni les efforts
pour l'amener à bonne fin. De son côté, le marquis
de Fontenay, malgré toute sa perspicacité, ignorant
à quel point les assurances des Napolitains étaient
mensongères, se laissait entraîner à d'étranges illusions. Il écrivit de nouveau à son gouvernement pour
le conjurer de donner toute son attention aux événements de Naples. Il engagea sous main les insurgés à
solliciter ouvertement l'appui de son souverain; mais
la froideur d'accueil et la parcimonie de cet ambassadeur, glaçaient Tontoli et Lieto, autant que les en-
chantaient la chaleur et la générosité du chevaleres-

(1) De Santis.

que prince français (1). Ne connaissant ni ses antécé
dents, ni le peu de crédit dont il jouissait en France,
ils fondaient sur lui, et sur lui seul, toutes leurs espérances, et ils écrivaient à Naples les éloges les plus
pompeux de sa personne.

L'insuccès de Don Juan d'Autriche, le redoublement d'audace excité par l'emploi inopportun de forces insuffisantes, la première déclaration des insurgés
en faveur du pape, et leur résolution définitive de se
constituer en république, ne firent qu'aiguillonner
encore le zèle et les espérances de Fontenay. Pour
cette fois il écrivit au cardinal Mazarin en des termes
tels que ce ministre envoya immédiatement à la flotte
de Toulon l'ordre de mettre à la voile. Le commandement de cette escadre était confié au duc de Richelieu, elle portait les sires du Creuset et de Forgetz, généraux distingués, qui pouvaient diriger habilement
l'insurrection. Le cardinal-ministre n'avait point jugé
politique de confier une entreprise dans laquelle il
s'agissait d'acquérir un royaume, à un prince du sang,
ou à quelque personnage d'assez haute naissance
pour être tenté de s'approprier au détriment de l'É-

(1) Comte de Modène.

tât les fruits de cette révolution qu'on espérait voir
s'accomplir.

Tel était l'état des choses quand le véritable délégué de Gennaro Annese, Nicolò Maria Mannara,
parut à son tour dans la capitale de la chrétienté.

Le duc de Guise et l'ambassadeur de France ha-
bitaient tous deux le palais Barberini, bien qu'à des
étages différents. Cette singulière coïncidence fournit
au duc l'occasion de capter la confiance du délégué
avant même que le diplomate connût la mission de
ce Napolitain.

Après une longue et pénible traversée Mannare
avait débarqué à Fiumicino, d'où il s'était rendu à cheval à Rome. Il arriva dans cette ville le matin, dans
une tenue plus que négligée, harassé de fatigue,
trempé de pluie, et couvert de boue : c'est en cet état
qu'il se présenta à la porte du palais Barberini, et
qu'il monta aux appartements du marquis de Fontenay, précisément au moment où celui-ci venait d'en
sortir. Les secrétaires et les employés de l'ambassadeur
qui avaient souvent observé avec quelle froideur et
quelle réserve leur chef accueillait les Napolitains,
n'accordèrent aucune attention à un homme aussi

mal vêtu. A peine daigna-t-on lui permettre d'attendre le retour de l'ambassadeur.

L'envoyé d'Annese dut prendre son parti d'un si
triste accueil, il s'assit tout mouillé et d'assez mauvaise
humeur dans une des premières antichambres.

Le hasard voulut qu'un laquais du duc de Guise
traversât en ce moment-là cette pièce : il lui parla et
apprit son nom, et sa qualité, or, de même que les serviteurs de Fontenay, imitaient à l'égard des Napolitains l'accueil dédaigneux de leur maître, de même
ceux du duc affectaient de traiter ces étrangers avec la
bienveillance et l'intérêt que le prince ne manquait
jamais de leur témoigner. Ce laquais fit donc toutes
sortes d'avances à l'étranger, uniquement parce qu'il
venait de Naples, puis il courut donner avis de son
arrivée au baron de Modène. Ce dernier en avertit
immédiatement le duc, et profitant de l'absence de
l'ambassadeur, il ordonna à l'adroit valet de retourner sans affectation auprès de cet homme, et de tâcher
de le lui amener, comme s'il agissait de son propre
mouvement.

Ce manége réussit à merveille, et Mannara se rendit
aux appartements du duc sans que personne le remar-

quât. Le baron le reçut à bras ouverts, lui donna d'autres vêtements, car les siens ruissclaient d'eau, et lui
fit servir un déjeuner, où l'on n'épargna point le vin.

Quand il le vit reposé, de meilleure humeur, et
surtout reconnaissant de cet accueil hospitalier, il se
hâta de l'introduire dans le cabinet de Henry de Lorraine déjà préparé à le recevoir.

CHAPITRE XVIII.

Le contraste entre la réception affectueuse et cordiale du duc de Guise, et l'accueil froidement dédaigneux du marquis de Fontenay, produisit tout l'effet qu'on pouvait en attendre ; la confiance de l'envoyé du peuple de Naples, fut bientôt acquise au jeune et séduisant prince. Il lui expliqua sans réserve les instructions qu'il avait reçues, en exposant la situation de l'insurrection, dont il exagéra toutefois les ressources et les espérances.

Le duc avait écouté avec une attention extrême ; il se sentait péniblement affecté que son nom n'eût pas été prononcé une seule fois par les Napolitains, cependant, dissimulant avec art et déployant une habileté qui ne lui était pas ordinaire, il affecta de louer chaleureusement l'ambassadeur, en rejetant

sur la grossièreté de ses gens l'accueil qu'on avait
fait à Mannara et donna même l'assurance que Naples
trouverait chez ce personnage tout l'appui qu'on devait espérer du représentant d'un grand Roi. Enfin ,
il arriva à parler de lui. Après avoir expliqué longuement que sa famille descendait de la maison d'Anjou, il peignit avec les plus vives couleurs son enthousiasme pour un peuple vaillant et généreux qui
travaillait si courageusement à conquérir sa liberté
et son indépendance. Il témoigna la crainte que
les bonnes volontés du roi très-chrétien, son parent,
et tout le zèle du marquis de Fontenay ne fussent
neutralisés par des vents contraires, ou par quelque
autre obstacle imprévu. Il insinua avec une adresse
dont le diplomate novice, et sur lequel il exerçait
déjà une sorte de fascination, fut complétement
dupe, qu'il serait peut-être utile qu'à tout événement,
lui, duc de Guise, allât se mettre à la tête du peuple
et combattre pour la nouvelle république, comme le
faisait le prince d'Orange en Hollande ; il ajouta que
la présence à Naples d'un chef uni par les liens du
sang à la famille royale de France, stimulerait le zèle
des ministres et des généraux, et hâterait l'arrivée

des secours; enfin, que le roi de France, lui-même, ne pourrait qu'éprouver un vif désir de voir triompher une cause dans laquelle se trouverait engagé un prince qui lui tenait de si près, et qui devait plaire d'ailleurs aux Napolitains, comme descendant de leurs anciens rois.

Ébloui par ce discours, Mannara crut avoir entre les mains une importante négociation dont l'éclat rejaillirait sur son nom et sur sa fortune. Quoique ses instructions ne continssent aucune clause assez élastique pour l'autoriser à traiter avec le duc de Guise, il interpréta dans ce sens un article qui le faisait maître, mais en termes généraux, de prendre toutes les mesures propres à contribuer au triomphe de la république; et cette condition essentielle lui parut implicitement comprise dans la coopération d'un prince dont il s'exagérait le crédit près de la cour de France.

Voyant que le messager était complétement gagné à sa cause, le duc, pour l'affermir encore dans ces bonnes dispositions, lui fit de magnifiques promesses, en lui recommandant toutefois de ne point parler de cette conférence au marquis de Fontenay, afin de ménager son amour-propre d'ambassadeur. Le Napolitain admit la justesse de ces considérations : il sortit des appartements du prince français par une porte qui s'ouvrait sur le jardin, puis rentrant au palais par la porte d'honneur il monta chez l'ambassadeur, auquel il annonça qu'il venait de l'auberge où étaient restés ses bagages.

Le marquis le reçut avec une prévenance qui n'excluait point la réserve. Il prit connaissance des lettres de Gennaro Annese, écrites de la main du chef plébéien, au nom de la junte populaire. Puis, après s'être informé minutieusement de l'état des choses à Naples, et de la confiance qu'on y avait dans la protection du roi très-chrétien, il exprima au messager combien son souverain était reconnaissant de ces dispositions, et lui donna l'assurance que, d'un instant à l'autre, la flotte française, déjà partie de Toulon, arriverait à Naples avec d'importants secours qui témoigneraient de la haute estime de la cour de France pour les valeureux Napolitains. L'envoyé du peuple rendit mille grâces au marquis; après quoi il ajouta comme une chose toute simple et toute naturelle, qu'afin de prévenir tout retard éventuel, la jeune république désirerait, comme gage de l'alliance, voir à la tête des opérations militaires, quelque prince français, dont le rang intéresserait la France à le soutenir, et hâterait ainsi l'heureuse issue de cette guerre entreprise pour conquérir l'indépendance de la nation. Le marquis ne vit pas d'abord où voulait en venir le Napolitain ; alors Mannara insistant sur ce point, lui dit : Qu'informé de la présence à Rome du duc de Guise, prince de la maison d'Anjou, le peuple demandait qu'il vînt prendre le commandement des masses insurgées, et qu'il dirigeât leurs efforts contre les oppresseurs, jusqu'à l'arrivée de la flotte et des secours si impatiemment attendus.

Malgré son expérience, le rusé diplomate ne put dissimuler tout l'étonnement que lui causait une démarche si inattendue ; son visage et sa parole trahissaient les sentiments qu'il s'efforçait de cacher sous le masque de l'impassibilité. Il répondit qu'il croyait que le duc de Guise était à Rome incognito ; qu'il ignorait si, n'ayant ni suite, ni entourage, ni caractère officiel, il pourrait consentir à se rendre à Naples, dans les circonstances actuelles, et au milieu des difficultés de la traversée. Mannara qui, dans cette occasion, se montra plus habile que Fontenay, répliqua sans hésiter, et sans rien laisser percer de son intelligence avec le duc, que les Napolitains se contenteraient de la personne d'un si grand prince, que peu leur importait qu'il vînt avec une suite et des équipages ; que tout cela lui serait fourni à Naples, et d'une manière digne du plus grand monarque et que, pour le voyage, les felouques napolitaines seraient suffisantes, car elles connaissaient parfaitement ces parages, et savaient se jouer des croisières espagnoles.

Serré de si près, l'ambassadeur termina sans affectation la conférence, en prodiguant mille paroles gracieuses au négociateur. Puis il s'enferma dans son cabinet pour y rêver aux moyens d'empêcher le départ du duc pour Naples, sans se compromettre avec ce prince, ni vis-à-vis de la cour de France, ni enfin vis-à-vis des Napolitains.

Le baron de Modène, à la relation duquel nous devons tous ces détails, assure que le marquis avait l'intention de se rendre lui-même à Naples, mais qu'il manqua de résolution ; que peut-être il eût exécuté ce

projet si la flotte française fût arrivée à temps; et
que ce fut le motif de son opposition obstinée au
voyage du duc. Mais nous, mieux renseignés par
des auteurs moins intéressés à l'entreprise du
prince français, et mieux placés pour apprécier sa
conduite, antérieurement et postérieurement à ces
événements, nous sommes fondés à croire que le
marquis de Fontenay prévit que le duc allait rendre impossible le triomphe des Napolitains, compromettre leur cause par sa légèreté et ses incon-
séquences, et refroidir lès bonnes intentions de la
cour de France à l'égard de la République, en ré-
veillant l'ancienne et mortelle rivalité de la maison régnante, et de celle de Lorraine. Telles furent
probablement les raisons déterminantes du clair-
voyant et sagace diplomate ; il devina que le fardeau
dépasserait les forces du téméraire jeune homme, et
le résultat ne tarda pas à justifier ses appréhen-
sions.

Sans perdre de temps, Mannara informa le duc de
Guise de son entrevue avec l'ambassadeur; et le lendemain le marquis fit une visite au prince français. Il lui
communiqua la proposition des Napolitains que, loin

de signaler comme digne d'attention, il qualifiait d'extravagante ; mais le duc lui témoigna qu'il l'envisageait tout autrement, qu'il ne la trouvait point si inacceptable et que, si le désir du peuple napolitain était de le voir dans sa capitale et d'en appeler à son épée, il était tout disposé à s'y rendre pour le service du roi, et à empêcher, au prix même des plus grands sacrifices, que le retard éventuel d'une flotte ne changeât l'aspect favorable des choses et ne dérobât au roi de France une si belle occasion d'accroître sa gloire et son pouvoir.

L'ambassadeur fut très-déconcerté de cette déclaration. Il le fut bien-davantage lorsque le cardinal de Sainte-Cécile qui arriva par hasard dans ce moment, se mit à appuyer avec chaleur les arguments du jeune duc. Le vieux diplomate n'osa point combattre de front, d'une part un prince entreprenant qui donnait à son ambition les apparences d'un sacrifice pour la gloire du roi, et de l'autre un cardinal influent, frère du premier ministre. Pour échapper à toute responsabilité, il prit le parti d'assembler un conseil composé des cardinaux et prélats français qui se trouvaient à Rome, et il leur soumit la question,

sans leur dire son sentiment. Ceux-ci, moins pré-
voyants que Fontenay, ou moins fixés sur les anté-
cédents du personnage et sur son discrédit à la cour,
décidèrent à l'unanimité que puisque le peuple napolitain demandait le duc de Guise pour le diriger,
le prince ne devait point différer ce voyage, dans
l'intérêt même de la France.

Mannara revint donc à Naples avec des lettres
pleines de témoignages flatteurs pour le généralissime du peuple et pour la *royale république napolitaine*. Il en apportait d'autres du duc de Guise qui
ne contenaient qu'offres pompeuses et promesses
magnifiques. Il arriva au moment où Gennaro
Annese, abhorré universellement à cause de son
ignorance brutale et de son insatiable rapacité, se
voyait menacé d'une fin tragique. Gennaro dut son
salut à l'enthousiasme général excité par la nouvelle
positive qu'on pouvait compter sur la protection d'un
grand monarque, que de puissants secours étaient
sur le point d'arriver, et qu'un prince illustre de la
maison royale allait se mettre à la tête de l'insurrection. Les partisans de l'arquebusier eurent soin
d'attribuer tous ces avantages à son zèle et à son

adresse. Ils et le réhabilitèrent ainsi dans l'esprit des masses qui, ranimées par l'ivresse de la joie, brûlaient plus que jamais du désir de continuer la guerre.

Annese, voyant son influence raffermie, pensa d'abord que la présence du Prince le mettrait désormais à couvert de l'inconstance et de la défaveur populaires : en conséquence il le fit presser de tenir ses promesses, et sans balancer davantage, il renvoya immédiatement à Rome Mannara, accompagné du père Capece, de l'ordre des Dominicains et d'Aniello de Falco, général d'artillerie, tous trois chargés de remercier l'ambassadeur français au nom de la royale république, et de prier le duc de Guise de venir sans retard prendre le commandement suprême des forces napolitaines, au même titre et aux mêmes conditions que le prince d'Orange en Hollande.

Cette députation officielle était à peine partie, et l'on pouvait encore voir du rivage les felouques qui la transportaient à Rome avec un vent favorable, que déjà le maître arquebusier se repentait d'avoir agi avec tant de précipitation et de légèreté. Soit que

ses plus chauds partisans lui eussent ouvert les yeux,
soit que l'instinct de l'ambition éclairât sa faible
intelligence, il comprit l'impossibilité de conserver
le pouvoir suprême en face d'un personnage tel
que le duc de Guise par lequel il serait immanquablement supplanté. Il se vit prêt à retomber dans
l'obscurité de sa première condition, exposé en
outre à la vengeance des nombreux ennemis qu'il
s'était faits. Cette perspective l'épouvante : il maudit
sa résolution inconsidérée, et cherchant un moyen
d'y remédier, il court consulter Francesco Patti, avocat d'un grand crédit dont l'audace égalait la finesse ;
mais celui-ci, loin de dissiper les terreurs du misérable Annese, les aggrave encore, en protestant *qu'il
s'est décapité de ses propres mains.*

Dans cette perplexité, voulant empêcher à tout prix
l'arrivée du prince français, et uniquement préoccupé
du désir de conserver sa position, le généralissime
du peuple ne voit d'autre expédient que de se mettre à la discrétion de son confident lettré ; il va jusqu'à le supplier à genoux de partir pour Rome à
l'instant même, et de neutraliser par son adresse et
son audace tout ce qu'auraient fait les trois autres en-

voyés, en entravant par tous les moyens possibles le
voyage du duc de Guise. Francesco Patti se laisse
longtemps prier, puis se décide enfin à remplir cette
mission délicate dont il rédige lui-même les instructions.

Elles se réduisaient à négocier d'abord directement
avec le Saint-Père, et à lui proposer : ou de conserver
le royaume de Naples pour le Saint-Siége qui en aurait la souveraineté directe, ou de le prendre sous sa
protection comme république indépendante, ou enfin d'en donner l'investiture, comme royaume, à l'un
de ses neveux. Dans le cas où le pontife n'aurait ac-
cepté aucune de ces trois propositions, Francesco
Patti devait s'adresser au marquis de Fontenay et lui
exposer que Gennaro Annese, le conseil souverain
de la république, et les Napolitains les plus considérables et les plus influents désiraient s'entendre
exclusivement avec le roi très-chrétien ; qu'on le
priait donc de se rendre sans retard à Naples, pour y
représenter son souverain, la présence et l'autorité
d'un tel ambassadeur, devant peser d'un tout autre
poids que celle d'un jeune prince sans expérience, objet de l'engouement momentané de la partie la moins

nombreuse et la plus méprisable de la populace.

La mission de Patti embrassait ainsi deux négociations distinctes, dont la seconde ne devait être produite qu'au cas où la première aurait échoué. Toutes
deux avaient pour objet de rendre impossible le
voyage du duc de Guise avec lequel nul espoir de
rivaliser ne pouvait être conservé par un homme
d'une condition aussi infime et d'un caractère aussi
ignoble que l'était celui de Gennaro Annese.

CHAPITRE XIX.

Mannara et ses deux compagnons arrivèrent rapidement à Naples, et furent très-bien accueillis par le marquis de Fontenay. Ils se présentèrent ensuite chez le duc de Guise qui, probablement d'après les conseils du baron de Modène et d'autres personnages éclairés, les reçut avec bienveillance, mais ne consentit à écouter leurs propositions officielles qu'en présence de l'ambassadeur. En conséquence, sur les instances des délégués eux-mêmes, une entrevue fut ménagée le même jour dans les salons du marquis. On y pria officiellement et solennellement le duc de vouloir bien se rendre à Naples, pour y prendre le commandement des armées populaires. Le prince, toujours bien conseillé, après avoir témoigné sa gratitude aux délégués, et son désir ardent de complaire aux Napolitains, ajouta que pour voler à leur secours, il n'attendait plus, comme féal sujet du roi de France, que d'en recevoir l'ordre du représentant de son seigneur et roi (1).

La position de Fontenay était critique et embarrassante au plus haut degré. Il voyait toute la portée de la résolution qu'il allait prendre, et l'immense responsabilité qui pèserait sur lui. Il balbutia quelques paroles dont le vague dénotait sa perplexité, et déclara qu'il n'avait point d'instructions suffisantes pour donner des ordres à un prince du sang ; que, d'un autre côté cependant, il n'était pas non plus autorisé à s'opposer formellement à l'élection spontanée qu'avaient faite le peuple napolitain et son généralissime, surtout lorsqu'il s'agissait d'un prince français ; qu'il n'avait pas encore reçu de réponse à ses dernières dépêches ; qu'il pouvait seulement assurer une chose d'une manière positive, c'était que l'escadre française avait dejà mis à la voile, se dirigeant vers Naples, et que dans cette flotte la nouvelle ré-

(1) Comte de Modène.

publique troüverait le plus ferme de tous les appuis pour assurer son indépendance et sa liberté.

Tout ambiguë qu'était cette réponse, le duc de Guise n'en demandait pas davantage ; il accepta sur-le-champ les propositions de Naples, et promit de s'y rendre aussitôt que les felouques napolitaines seraient arrivées.

Quant aux envoyés de Gennaro Annese, enchantés du succès de leur mission, ils expédièrent par terre et par mer des courriers pour demander que les felouques chargées de transporter le prince fussent immédiatement dirigées sur Fiumicino.

Transporté de joie, en se voyant si près de toucher au but de son ambition, le duc de Guise, au milieu de ses préparatifs de voyage, et des soins qu'il devait prendre pour se procurer de l'argent et des munitions, semblait affecter de donner une imprudente publicité à ses négociations, n'en faisant pas même mystère à ses ennemis déclarés. Avec dix mille écus que lui procure le cardinal de Sainte-Cécile, et une médiocre quantité de poudre que lui vend le duc de Bracciano, il se dispose à partir, prend pour confesseur le père Capece, auquel il promet une

mitre, et dépêche en toute hâte à Paris un de ses secrétaires avec des lettres pour sa mère à laquelle il
demande des fonds, la chargeant de préparer, en son
nom, toutes sortes de secours, et la priant aussi
de ne rien négliger pour que les ministres du roi
appuient chaleureusement son aventureuse entreprise.

Rien de ce qui se tramait par les uns et par les
autres dans cette affaire si compliquée n'échappait
au comte d'Oñate, ambassadeur d'Espagne à Rome ;
et ce diplomate entretenait avec Madrid une correspondance active au moyen de laquelle on y était instruit de tout ce qui se passait en Italie. Le comte,
appréciateur profond des hommes et des choses,
jugea que le départ de Henry de Lorraine pour Naples était une bonne fortune dans la situation où
se trouvait ce royaume. Il connaissait personnelle-
ment le jeune prince ; il savait qu'il était suspect à la
cour de France où sa témérité connue devait éveiller
des craintes et tempérer, sinon éteindre, le désir
d'envoyer des forces qui seraient sans nul doute
arrivées à leur destination, s'il ne s'était jeté à la tra-
verse.

Le comte d'Oñate n'ignorait pas non plus la mauvaise volonté du marquis de Fontenay, toutes circonstances qui, jointes à l'état de désordre où était tombée la rébellion, et aux sentiments peu honorables de l'envieux Annese, devaient immanquablement ruiner le crédit du duc de Guise et précipiter la crise qui assurerait le triomphe des armes espagnoles.

Avec une telle sécurité pour l'avenir, et un espoir fondé sur des données presque certaines, le diplomate espagnol, loin d'agir contre le duc, ne songea au contraire qu'à lui aplanir adroitement le chemin qui le conduisait à sa perte. Don Juan d'Autriche et le duc d'Arcos, tenus au courant de tout par leur ambassadeur, mirent d'ailleurs le temps à profit, et s'aidant d'un grand nombre d'agents secrets, ils travaillèrent de façon à ce que l'aventureux prince trouvât en arrivant le terrain glissant et hérissé de difficultés.

Autant le voyage des trois délégués avait été prompt et heureux, autant fut lent et pénible celui de Francesco Patti. Quand il débarqua, la négociation était déjà close, ce qui ne l'empêcha point de commencer à agir avec autant de secret que d'activité. Mais rebuté dès ses premières tentatives auprès du Saint-Père, qui refusait d'écouter ses propositions, il se tourna, comme le portaient ses instructions, du côté du marquis de Fontenay.

Celui-ci ressentit une joie extrême aux nouvelles du messager; mais persuadé qu'il venait trop tard, et qu'il était désormais impossible de s'opposer à la résolution du duc de Guise, il le dit à Patti, l'engageant en même temps à se rendre à Paris, afin de traiter directement avec la cour.

L'avocat consulta d'abord son intérêt et jugea dès lors plus avantageux pour lui de servir le duc de Guise. Il s'excusa donc de ne point faire le voyage de Paris sur son manque de ressources, d'instructions et de pouvoirs; puis il prit congé de l'ambassadeur, en lui exprimant qu'il se résignait à accepter les faits accomplis, dans l'espoir que cette abnégation pourrait tourner à l'avantage de sa patrie. Ensuite il alla trouver les autres délégués, feignant d'arriver à l'instant de Naples pour presser le départ du duc. Il poussa même l'impudence jusqu'à se rendre chez ce prince lui-même et à lui faire une protestation semblable, qu'il accompagna des plus basses adulations (1).

Sur ces entrefaites, arrivèrent à Fiumicino quatorze felouques napolitaines, destinées au voyage du nouveau généralissime. Celui-ci pressa les préparatifs, et après avoir donné à ces soins une publicité inconsidérée, il s'arrogea, par anticipation, une importance extravagante et sortit de Rome dans l'équipage d'un triomphateur. Il se montra même inconséquent et léger au point de passer avec sa suite, que précédait un trompette, sous le balcon du comte d'Oñate qui peut-être, à travers les vitraux de sa fenêtre, le regardait partir en souriant de compassion.

Le marquis de Fontenay, le cardinal de Sainte-Cécile et d'autres seigneurs et prélats français l'accompagnaient en carrosse : ils allèrent jusqu'à la basilique de Saint-Paul-extra-muros. Là, ils prirent congé de lui, et le duc continua son voyage à cheval jusqu'à la mer avec le baron de Modène et les envoyés napolitains. Ils emmenaient le sire de Cérisantes, nommé par le marquis de Fontenay, repré-

____

(1) Comte de Modène.

sentant de la France à Naples, ou, en d'autres termes, son espion, Geronimo Fabrani en qualité de
secrétaire, et Agostino de Lieto en celle de capitaine
des gardes. Chaque felouque ne pouvant contenir
que deux ou trois personnes, le duc entra dans l'une
d'elles, accompagné seulement de son valet de
chambre ; sa suite se distribua dans les autres barques,
et l'on mit à la voile par un temps favorable, le 13
novembre 1647, vers minuit.

Le lendemain, près de l'île de Ponza, les passagers
découvrirent vers le soir, trois galères espagnoles qui
les guettaient au passage. Mais ces galères ne purent
leur donner la chasse ; les felouques s'étant aussitôt
dispersées dans toutes les directions, et les Espagnols
n'ayant su deviner quelle barque montait le prince. Une
nuit des plus obscures et des plus orageuses vint d'ailleurs les dérober aux yeux même de leurs ennemis.

Enfin, par une manœuvre aussi prompte qu'habile,
la felouque sur laquelle était le duc passa entre les îles
d'Ischia et de Procida, longea celle de Caprée, et parut dans le golfe au point du jour. Elle essuya sans
accident la mousqueterie des chaloupes armées que
Don Juan avait lancées à sa poursuite, et vint pren-

dre terre à la tour *del Greco*. De là elle cingla immédiatement vers la plage du Carmel où le peuple
salua son arrivée avec les démonstrations du plus vif
enthousiasme.

CHAPITRE XX.

Le duc de Guise arrivait à Naples dans un moment
assez critique : plutôt riche d'espérance que de ressources réelles, il venait se mettre à la tête d'un soulèvement populaire, et il manquait pour soutenir
l'orgueil de ses prétentions, des moyens solides qui
auraient pu lui ménager un succès glorieux et durable.

Le mouvement, qui avait commencé par une misérable émeute contre la gabelle des fruits, était de-
venu une rébellion ouverte contre la domination
espagnole. Si l'espace que l'insurrection avait par-
couru en si peu de temps était considérable, le terrain qu'elle avait gagné était mouvant, et elle se
consumait par ses propres efforts. Il est vrai que tout

le pays se trouvait en armes, mais on était peu d'accord sur les motifs qui les avaient fait prendre. Il est vrai que cent cinquante mille hommes, secondés par presque toute la population, avaient combattu, et cela avec une ardeur et une constance exemplaires, dans la capitale et aux alentours : mais le nombre de ces combattants était déjà considérablement réduit, et il eût été bien moindre encore, s'il se fût agi d'opérations sur une grande échelle, conduites selon les règles de l'art de la guerre. D'ailleurs ces milices ignorantes et indisciplinées étaient loin de représenter toute la population de la ville. Les gens d'une condition aisée, les employés, ceux qui vivaient de commerce et d'industrie, que les Espagnols désignaient alors par le sobriquet de *cappes noires* (capas negras), et qui composaient la classe moyenne, tous ceux-là, disons-nous, avaient bien pu se soulever contre les impôts, soit pour satisfaire des ressentiments personnels, soit pour chercher un moyen d'améliorer leur fortune ; mais on les voyait déjà fatigués de désordre, dégoûtés des excès populaires, et renonçant à toutes leurs illusions, n'aspirer qu'au retour de la tranquillité. Loin de se montrer hostiles à la domination espagnole, ils l'envisageaient au contraire comme la seule garantie de stabilité et de repos.

Les nobles qui ne laissaient point d'avoir une grande influence sur les destinées du pays, combattaient la révolution avec acharnement. Trois châteaux presque inexpugnables, des positions nombreuses et importantes, et le domaine absolu de la mer appartenaient aux Espagnols soutenus par les barons.

Et cependant le mouvement se prolongeait et s'étendait ; mais comment et pourquoi? Uniquement parce que, les *cappes noires,* intimidées par des menaces d'incendies et d'assassinats, n'osaient ni sortir, ni communiquer entre elles, dans la crainte d'être signalées comme suspectes : il faut ajouter à ces causes que les forces espagnoles, bien qu'avantageusement retranchées étaient trop faibles pour attaquer avec succès des masses considérables, et pour inspirer de la confiance à la classe moyenne qui, au lieu d'agir, restait dans une complète inertie, malgré son importance numérique et son mécontentement.

La partie militante de la population n'offrait elle-même aucune consistance. Son organisation qui différait selon les provinces, suffisait dans la capitale pour faire marcher les troupes au combat, mais elle était loin de produire une discipline forte. Ici, l'on se croyait fidèle au roi d'Espagne, là, on se déclarait contre les Espagnols ; les uns proclamaient la République, les autres se jetaient dans les bras d'un prince étranger : mais ce qu'on retrouvait partout, c'étaient des mécontents, des prolétaires armés, masses indisciplinables, ayant à leur tête quelque chef éventuel, remplissant plutôt le rôle d'excitateur que celui de général, alternativement despote ou esclave, bourreau ou victime. En un mot, cette rébellion du royaume de Naples, qui avait tant de retentissement en Europe, était impuissante à fonder l'indépendance du pays, privée qu'elle était des forces physiques et morales qui seules auraient pu conquérir ce résultat.

Avec une escadre supérieure à celle de Don Juan d'Autriche, avec des troupes de débarquement capables de faire lever le blocus de la capitale, de soumettre les provinces, d'organiser le pays et d'arracher aux Espagnols les places fortes qu'ils occupaient, Naples aurait pu parvenir à changer de domi-

nation ; mais elle n'eût pu suffire à la tâche de se constituer en état libre. Seuls, les Français étaient en mesure d'opérer une telle révolution et de laisser à l'expérience des Napolitains à décider si ce changement
était ou n'était pas favorable à leurs intérêts. Mais
l'intervention téméraire d'un prince dont l'ambition
portait ombrage à la cour de France, rendait déjà
douteuse la coopération du roi très-chrétien.

Toutes ces considérations avaient, nous l'avons
dit, réglé la conduite du comte d'Oñate ; elles ser-
virent également de règle à Don Juan d'Autriche et au vice-roi. Ils ne virent dans le duc de Guise,
qu'un prince aventureux qui allait momentané-
ment communiquer une énergie factice à la rébellion, pour n'être bientôt qu'un obstacle et peut-être
même un instrument de faiblesse et de ruine. Ils
résolurent donc de se maintenir, à tout prix, dans
les positions avantageuses dont ils étaient maîtres, de continuer rigoureusement le blocus et d'attendre que les fautes du nouveau chef, la fatigue,
l'indiscipline et les misères des combattants, assuras-
sent, par la force des choses, le triomphe de la cause
espagnole.

Telles n'étaient point les pensées du présomptueux Henry de Lorraine : sans considérer qu'il n'apportait à cette République naissante, qu'une douzaine d'aventuriers, pour tout renfort; sept à huit mille écus pour toute ressource, et quelques quintaux de poudre pour tout secours; enivré du succès de sa traversée, des salves d'artillerie du mont Carmel, et des acclamations de la multitude, il se voyait déjà le libérateur d'un peuple opprimé, le fondateur d'une monarchie indépendante, l'arbitre prédestiné du sort de l'Italie entière.

Plein de ces illusions et entouré d'une foule immense, il monte à cheval et se rend à la cathédrale pour remercier le Tout-Puissant de son heureuse arrivée. Ce devoir rempli, Gennaro Annese l'emmène dans sa tour du Carmel, afin de l'y retenir près de lui, jusqu'à ce qu'on eût achevé les préparatifs d'une habitation plus somptueuse, et plus digne d'un tel hôte (1).

La familiarité d'Annese dut sans doute paraître étrange à un prince habitué à tous les raffinements

____

(1) De Santis.

du luxe, et aux plus exquises prévenances. Le logement qu'il était condamné à partager avec le maître arquebusier était d'une saleté révoltante, rendue plus hideuse encore par les vases d'or et d'argent entassés pêle-mêle, les riches étoffes, et le butin provenant du pillage. La pauvreté de l'ameublement composé d'objets de rebut, tout, jusqu'à l'odeur suffocante de ce taudis, en aurait rendu le séjour insupportable à l'homme le moins délicat. Les mains noires, les cheveux en désordre et vêtue de guenilles, la femme du généralissime du peuple préparait dans un coin, sur un réchaud de terre, le chétif repas conjugal auquel était convié le prince Henry de Lorraine. Enfin, et comme dernier trait de ce tableau, tandis que la dame veillait au macaroni, Gennaro Annese, voulant témoigner à son hôte qu'il n'accordait pas à demi les faveurs de l'intimité, se mit à panser devant lui une plaie cancéreuse qu'il avait à la jambe (1).

L'ambition est la plus souple et la plus accommo

____

(1) Comte de Modène.

dante de toutes les passions. Jugeant qu'il importait à
ses plans de ménager le grossier arquebusier, le duc de
Guise embrassa plusieurs fois son hôte, eut des atten-
tions pour sa compagne, et loua cette réception toute
cordiale et cette sobriété républicaine. Dans ses épan-
chements avec le généralissime, il ne négligea rien
pour effacer de son esprit toute appréhension d'être
supplanté ; et il poussa la complaisance jusqu'à partager la couche infecte du chef populaire. Le prince
s'étendit à ses côtés sur un matelas, tandis que la châ-
telaine ronflait sur un autre.

Nous ignorons si les fatigues du voyage et les
fortes émotions de l'arrivée lui procurèrent un som-
meil paisible, et si des songes de gloire vinrent le
bercer sous le toit où la fortune l'avait conduit. Les
historiens du temps disent seulement, qu'il se coucha
tout habillé, et qu'il se leva de grand matin pour parcourir la ville.

Accueilli avec enthousiasme par une populace innombrable qui le regardait comme un libérateur,
mais avec méfiance par les *Cappes-noires* qui ne
voyaient, derrière le prince, que la puissance de la
France, il alla reconnaître les postes militaires, passer

en revue les troupes de paysans insurgés composant la
partie la plus belliqueuse et la plus ferme des forces
populaires, et examiner par lui-même les ressources
sur lesquelles comptait le peuple rebelle qu'il venait
gouverner.

Lorsqu'il eut vu de ses propres yeux combien
étaient exagérés les bruits qui couraient le monde
sur les forces et l'avenir de la révolution napolitaine,
il dût perdre dès ce premier examen, beaucoup de
ses illusions. Il trouva que la rébellion pouvait
bien disposer d'un nombre considérable d'hommes
armés et résolus, mais qu'à peine on en aurait réuni
huit ou dix mille en état de faire une guerre régulière. Lui qui croyait tous les habitants de la capitale et des provinces animés du même esprit, des mêmes désirs, des mêmes haines, du même amour de
liberté ; il se trouva en face d'une classe moyenne
indifférente, lasse de désordres, mais nullement
hostile au roi catholique; si nombreuse d'ailleurs,
qu'il lui aurait suffi de vouloir et de décider, pour
faire pencher de son côté la balance de la fortune.
Il put s'assurer que dans la classe militante elle-
même, on ne rencontrait ni ordre ni concert ; que

bien loin d'avoir organisé et constitué une république, il était impossible de songer même à une organisation régulière ; que les chefs du peuple ne dispo-
saient que d'un pouvoir restreint, et dans les limites
d'une influence éphémère ; que bien qu'il ne man-
quât pas de vétérans braves et aguerris dans les rangs
populaires, il n'y avait point à leur tête d'officiers
expérimentés, pratiques, intelligents, capables de diriger sans hésitation les opérations combinées que né-
cessitait ce genre de guerre. Il s'aperçut bien vite que
l'argent était rare, qu'il y avait pénurie dans les vivres, insuffisance dans les approvisionnements, et
ne tarda pas à se convaincre enfin de l'impossibilité
de mener à bonne fin avec de pareils éléments les
plans qu'il avait conçus à Rome, et qui l'avaient entraîné sur ce théâtre de désastres.

Toutefois, sans se laisser abattre, confiant dans le
prestige de son nom, dans sa valeur personnelle et
dans la fortune, se flattant d'ailleurs que la cour de
France ne l'abandonnerait point, et que le crédit de
sa famille pourrait lui procurer les trésors et les soldats nécessaires au succès de son entreprise, il résolut d'aller en avant, et de mettre à profit cette pre-

mière ferveur populaire pour tenter un effort décisif.

Afin d'ajouter à la considération du peuple de
Naples et de tout le royaume, et de fortifier l'autorité
militaire suprême qu'il allait exercer, le duc de Guise
décida, ou pour mieux dire, fit proposer par Gennaro Annese, puis approuver par la Junte Saint-Augustin, qu'un serment de fidélité à la république
serait prêté solennellement dans la cathédrale ; et que
là, le cardinal-archevêque lui remettrait une épée
bénie avec le cérémonial de rigueur. Filomarino
qui n'ignorait pas à quel point le compromettrait
cette démarche par laquelle il allait sanctionner la
rébellion, voulut s'excuser sur l'état de sa santé (1).
Mais ayant reçu l'avis secret, que ses jours étaient
menacés dans le cas où il refuserait de se prêter de
bonne grâce à ce qu'on attendait de son ministère, il finit par y consentir. Il bénit donc et remit
lui-même au duc une épée destinée à exterminer
tous les Espagnols et à détrôner le légitime souverain, complaisance d'une bien autre portée que celle
qu'il avait eue autrefois pour le poissonnier Masa-

(1) De Santis.

niello. En discréditant complétement le cardinal auprès des gens sensés, elle ternit la réputation qu'il
s'était faite par une conduite tantôtprudente, tantôt
énergique et courageuse, mais toujours digne, dans
des circonstances si difficiles (1).

Cependant le général Tuttavilla obtenait de nouveaux avantages au pont de Scafati, battant, non
sans une grande effusion de sang dans une lutte
acharnée, environ quatre cents cavaliers napolitains
qui étaient sortis de la ville avec l'espoir de le
surprendre.

Après cette affaire, la ligne du blocus se trouvant
complétement fermée, le général put réparer les
moulins à eau de la tour de l'Annonciade et faire
passer quelques approvisionnements de farine à Castelnuovo. Mais ils furent loin de suffire à ce château
où la disette était affreuse ; en conséquence, le vice-
roi donna, dans les termes les plus précis, l'ordre de
chercher à forcer le passage de la grotte du Pausilippe, route que devaient nécessairement suivre tous
les convois. Tuttavilla, bien qu'il jugeât l'entre-

(1) De Santis. — Capecelatro, M. S. — Agnello de la Porta, M. S. —
Comte de Modène.

prise des plus difficiles, résolut néanmoins de la tenter. Il disposa à Puzzoles deux cents cavaliers choisis qui réunis à quelques détachemens d'infanterie de la garnison de Castelnuovo devaient tâcher de surprendre la grotte. Mais ayant été averti par ses affidés que le duc de Guise avait l'intention d'attaquer brusquement Aversa, quartier général de la noblesse, pour marcher de là sur Capoue et s'ouvrir un chemin jusqu'à Rome, le général Tuttavilla concentra immédiatement ses forces, afin d'être en mesure d'entraver ce plan.

En effet, le prince français songeait à prendre l'offensive ; mais lorsqu'il fut instruit du mouvement concentrique de Tuttavilla, il renonça pour le moment à son expédition, et se préoccupa du moyen d'arriver au même but dans la ville. Il consulta les chefs du peuple, auxquels il affectait de témoigner la plus grande déférence, et avec leur assentiment, il décida l'attaque de la fameuse porte de San-Carlo de Mortelle, où Brancaccio avait essuyé son second échec. Maître de cette position, il espérait s'emparer facilement des hauteurs, et s'approcher du château Saint-Elme.

Le 21 novembre, au point du jour, le duc de Guise, pressé de mettre son plan à exécution, range en bon ordre quatre mille hommes, et débute avec assez de bonheur. Les Napolitains emportent les premiers ouvrages avancés et les retranchements qui en couvraient le front, massacrant un grand nombre d'Espagnols, car ils ne faisaient aucun quartier; ensuite ils se répandent dans les maisons voisines qu'ils livrent au pillage et à l'incendie après avoir égorgé les habitants.

Mais bientôt Don Carlos de Gante et le capitaine Fusco, chargèrent les Napolitains avec deux compagnies d'arquebusiers, les pressèrent rudement et leur tuèrent beaucoup de monde; et comme la réserve des troupes populaires s'avançait pour soutenir les premiers, le baron de Batteville parut à son tour, suivi de Don Jose de Sangro et du prince de Tersis, avec un renfort de troupes toutes fraîches. Leur intervention ne pouvait être plus opportune : ils mirent dans une déroute complète la colonne populaire qui arrivait au secours des assaillants fuyant déjà dans le désordre que produit toujours l'insuccès; et ils en firent un grand carnage.

Le peuple fut consterné de cet échec qui, loin de répondre aux espérances ambitieuses du nouveau chef, paraissait d'un si mauvais augure pour sa fortune (1).

(1) De Santis. — Comte de Modène. — Capecelatro, M. S.

CHAPITRE XXI.

Ce désastre, le discrédit qui s'attachait à l'humble
cortége avec lequel le duc de Guise s'était présenté
à Naples, l'absence des secours que l'on attendait de
lui, et le retard de la flotte française, commençaient
à dissiper bien des illusions. Les mécontents, exci-
tés par les menées occultes du vice-roi et de Don
Juan d'Autriche, faisaient retentir de leurs plaintes,
les carrefours et les places publiques, et disaient
sans ménagement leur opinion au milieu des groupes.

Gennaro Annese, bien que ces bruits qui tendaient
à dépopulariser son rival le flattassent dans sa jalousie, crut devoir interdire formellement et sous les
peines les plus sévères de telles manifestations de
hardiesse et d'irrévérence. Le duc publia lui-même
une proclamation dont les termes flatteurs et les pro-

messes étaient de nature à réveiller les premières
espérances des insurgés, mettant en œuvre, pour
capter les faveurs de la populace, tous les moyens de
séduction dont la nature s'était montrée prodigue
envers lui. Il attribua la déroute que les Napolitains venaient d'essuyer à la multitude des chefs et
des lieutenants, qui, interprétant à leur manière les
ordres supérieurs, rendaient impossible toute unité
d'action. Il soumit les bandes de paysans armés à
une autre organisation, les rangeant selon le nouveau système français. Dans ce but, il voulut former
un régiment modèle ; il ordonna que les capitaines
d'Ottines eussent à lui fournir chacun dix hommes
d'élite, qui reçurent la solde d'un carlin par jour,
et il promit le même avantage à tout soldat déser-
teur des bannières espagnoles.

Ces détails de discipline militaire n'occupaient
pas tellement le duc de Guise qu'il ne travaillât
sans relâche à se concilier l'appui des *Cappes-noires*
leur donnant à entendre qu'il allait mettre un
frein aux prétentions anarchiques de la plèbe et in-
vestir la classe moyenne d'une influence salutaire
dans les affaires publiques. En même temps il ne

négligeait rien pour, calmer l'irritation et les préventions du peuple contre la noblesse, tout en flattant celle-ci, et lui faisant espérer le rétablissement prochain de l'ordre.

Ces plans et ces négociations si diverses, qu'il menait de front, non sans déployer une incontestable habileté, ne le détournaient point du projet de s'emparer d'Aversa. Il concertait ses mesures de manière à éloigner de cette ville le général Tuttavilla, qui, avec une activité incroyable, portait sa colonne mobile d'un point sur un autre, obtenant des avantages journaliers dans une foule de rencontres partielles et d'escarmouches très-chaudes.

Sur ces entrefaites le vice-roi, duc d'Arcos, reçut de Madrid, en réponse aux dépêches où il donnait connaissance de la seconde capitulation qui avait suivi la mort de Masaniello, une complète approbation de sa conduite, et de pleins pouvoirs pour conclure un accommodement définitif et pour faire, au nom du roi, aux Napolitains, toutes les concessions qu'il jugerait convenables et nécessaires. Dans la ferme conviction que cette autorisation, de même que la sanction royale donnée aux traités, et la con-

fiance qu'on lui accordait pour les mesures ulté-
rieures, ouvraient un vaste champ à de faciles négociations sur des bases nouvelles, il publia et fit distribuer à profusion la dépêche qui l'investissait d'un
pouvoir discrétionnaire et il accompagna cette pièce
d'exhortations pressantes à la paix qu'appuyaient des
offres plus larges et des propositions avantageuses.

Le crédit et la réputation du négociateur sont d'une
grande influence pour le résultat des négociations :
or, le duc d'Arcos se trouvait, à cet égard, dans les
conditions les plus défavorables. La mauvaise foi
qu'il avait montrée, en débattant les traités anté-
rieurs, éloignait de lui la confiance, et, en dépit de
toutes les garanties, son nom était à lui seul un obstacle à tout accommodement (1).

La réponse sommaire qu'obtinrent ses nouvelles
ouvertures était que personne ne se fiait à ses offres,
et qu'on ne pouvait croire, de sa part, à la sincérité de
paroles conciliatrices. Un décret de Gennaro Annese
qui défendait sous peine de mort tout rapport et tout
arrangement avec le vice-roi, donnait un caractère

(1) De Santis.

plus blessant encore à cet affront en quelque sorte personnel.

Tandis que, sous le poids d'un tel échec, le duc d'Arcos, dissimulant le ressentiment de cette injure, cherchait à miner par d'autres moyens le crédit attaché aux noms du duc de Guise et de Gennaro Annese, Don Juan d'Autriche, convaincu que la couronne de Naples allait échapper à l'Espagne, si le commandement suprême restait entre les mains d'un vice-roi, objet d'une haine et d'une méfiance si universelles, cherchait, dans sa prudence, comment il pourrait écarter cet obstacle au rétablissement de la paix et aux mesures qui mettraient fin à tant de désastres.

Le duc de Guise persistait dans son projet d'entrer en campagne et d'enlever la ville d'Aversa. Il convoqua la junte populaire au lieu ordinaire de ses séances : là, dans un exposé lucide, où il faisait preuve de ses connaissances militaires, il représenta que continuer de consumer ses forces et son temps à attaquer avec plus ou moins de succès les postes fortifiés des Espagnols, c'était vouloir s'user et périr dans une lutte interminable ; qu'il fallait porter la guerre

au dehors, rompre les lignes du blocus pour faciliter l'entrée des vivres, soulever le pays, et en attendant l'escadre française, qui ne pouvait tarder à
arriver, frapper quelques grands coups qui permis-
sent de faire concourir fructueusement à d'heureuses
opérations les secours attendus. Il termina en proposant l'expédition contre Aversa, qu'il présentait
comme aussi facile qu'importante.

Des applaudissements unanimes accueillirent cette
motion; on décida, par un vote général, qu'on
s'en remettait entièrement à l'expérience du prince
français, et qu'on lui confiait, sans restriction aucune, et en dehors de tout contrôle, la disposition
et l'exécution de toutes les opérations militaires (1).

L'ascendant que prenait le duc de Guise n'était
guère de nature à flatter Gennaro Annese; mais
il se voyait contraint de plier devant cette suprématie naissante. Il seconda même l'entreprise
de tous ses efforts, de peur de se rendre suspect à la multitude. Le duc organisa donc rapidement les bandes qui devaient l'accompagner

____

(1) Comte de Modène. — De Santis.

dans son excursion, et il eut soin de faire à propos
plusieurs sorties pour donner le change à la vigilance de Tuttavilla et détourner son attention du
point où devait se porter l'effort sérieux de l'attaque.
Mais le général, non moins actif qu'expérimenté,
n'ignorait aucun des plans de son adversaire, et il
en tenait le vice-roi exactement informé.

Quant à ce dernier, il n'est que trop vrai qu'il
n'ajoutait pas une grande importance à ces avis : il
pressait de plus en plus le général de mettre à exécution son projet contre la grotte du Pausilippe,
voulant avant tout remédier à la disette et à la pénurie de vivres frais qui régnaient déjà dans les châteaux et qui produisaient un effet fâcheux sur l'état
sanitaire des garnisons.

Tout étant disposé pour l'expédition d'Aversa, le
duc de Guise dut s'occuper de nommer un mestre
de camp général, emploi d'une telle importance
qu'il l'avait réservé jusque-là, dans l'idée de le confier à son propre frère. Bien des ambitions se réveil-
lèrent et s'agitèrent. Le sire de Cérisantes se flatta
de l'obtenir, quoiqu'il fût venu comme agent secret du marquis de Fontenay, et qu'il eût toujours

été totalement étranger à la carrière des armes.

Agostino de Lieto, homme de rien dont la simple nomination de capitaine des gardes avait scandalisé tout Naples, eut aussi la présomption d'y aspirer. Mais cette charge fut donnée au baron de Modène, bon soldat et loyal gentilhomme, qui ne voulut point recevoir son brevet de la junte populaire, revêtu de la signature d'Annese ; il ne l'accepta qu'expédié et signé par le duc lui-même (1).

Un bandit appelé Pappone inquiétait les environs de Gaëte ; à la tête d'une troupe nombreuse, il pillait, saccageait, et brûlait tous les villages qui ne s'étaient point déclarés pour la rébellion. Il poussa ses excursions dévastatrices jusque sur le territoire de Capoue ; et la ville d'Aversa elle-même ne se crut pas à l'abri de ses attaques et d'un siége en règle. Mettant à profit cet incident favorable, ainsi que la marche de Pastena qui accourait de la province de Salerne avec un corps considérable d'insurgés pour fondre sur la Cava, et attaquer de nouveau le pont de Scafati, le duc de Guise sor-

(1) Comte de Modène.

tit de la capitale, le 12 décembre, emmenant avec
lui quatre mille fantassins, quinze cents cavaliers et
six pièces de canon de gros calibre, le tout en assez
bon ordre. L'esprit de ces troupes était satisfai-
sant, mais elles étaient fort mal fournies de munitions.

La colonne expéditionnaire se dirigea vers San=
Giuliano, bourg d'une assez grande importance, dont
elle s'empara sans difficulté ; puis elle se porta sur
Santantimo, autre bourg peu éloigné du premier, et
qui fut également occupé. Le baron de Modène, avec
autant d'activité que d'intelligence, fit aussitôt fortifier ces deux points. La noblesse ayant une excellente
cavalerie et peu d'infanterie, il fallait avant tout se
mettre à l'abri d'une surprise ; car d'un instant à
l'autre on pouvait avoir l'ennemi sur les bras.

Le général Tuttavilla avait été averti à temps de la
sortie du duc ; après avoir envoyé au pont de Scafati
de nouveaux renforts, et expédié par des courriers à
la garnison de Castellamare l'ordre de tout faire
pour arrêter la bande de Pastena, il s'était porté lui=
même au secours d'Aversa, et il arriva au moment où
sa présence était le plus nécessaire.

Le duc de Guise, profitant du temps où le baron de Modène donnait toute son attention aux ouvrages de fortification et aux dispositions stratégiques que réclamaient les circonstances, avait ouvert, contre l'avis de son mestre de camp, des conférences secrètes avec les défenseurs d'Aversa. Il les fit prévenir de ses dispositions conciliatrices, et sollicita une entrevue avec quelques-uns d'entre eux, ce qu'il ne tarda pas à obtenir. Le baron ne fut pas plutôt informé de cette démarche, qu'il représenta au duc combien il la trouvait dangereuse, non par méfiance des seigneurs napolitains, incapables d'un acte de félonie, mais à cause des soupçons qu'en concevrait le peuple, et du parti qu'en pourrait tirer l'implacable jalousie de Gennaro Annese (1). Henry de Lorraine fronça le sourcil en écoutant les observations du seul conseiller qui le servît avec un zèle pur et désintéressé. Il passa outre, et résolut de poursuivre ce qu'il avait commencé.

La conférence étant chose décidée, on choisit pour lieu de réunion le couvent des capucins, situé en-

____

(1) Comte de Modène.

tre San-Giuliano et Aversa, il fut convenu que, de part et d'autre, on n'amènerait qu'une escorte de neuf personnes.

Le jour suivant, dans la matinée, le duc d'Andria arriva le premier avec le nombre prescrit de gentilshommes. C'était lui que les défenseurs d'Aversa avaient choisi pour parlementaire. Quelques minutes après, parut le duc de Guise, accompagné d'un pareil nombre de cavaliers parmi lesquels on remarquait le baron de Modène qui n'avait point voulu laisser le prince seul un instant; les autres étaient des officiers napolitains. Dès que le duc d'Andria aperçut le duc de Guise, il s'avança vers lui au galop; le duc de Guise fit de même, et après s'être salués courtoisement, tous deux mirent pied à terre en même temps et s'embrassèrent. En voyant la conférence s'ouvrir sous de tels auspices, les seigneurs de l'une et de l'autre suite mirent également pied à terre, et se mêlèrent sans appréhension avec une noble cordialité. Les deux ducs discutèrent longtemps le point principal de la conférence, le Français tâchant de démontrer que la noblesse devait abandonner la cause de l'Espagne et se décider à le servir; le Napolitain protestant que

jamais les barons ne cesseraient de combattre pour
la défense du roi légitime auquel ils avaient juré foi
et hommage. Puis, ils se retirèrent l'un et l'autre,
mutuellement charmés de la courtoisie, de la loyauté
et de la franchise qui avaient présidé à cette entrevue,
mais sans avoir rien décidé, et sans que la négociation
eût fait un pas (1).

L'historien Santis dit que la conférence eut lieu
après l'attaque du pont de Frignano, (dont nous par-
lerons bientôt), et que le général Tuttavilla la ména-
gea, dans l'arrière-pensée de s'emparer traîtreusement
de la personne du duc de Guise, s'il ne consentait à
sortir immédiatement du royaume. Il ajoute que la
crainte inspirée par une escadre française, qui arriva
le même jour, prévint l'attentat. Mais le baron de Modène assez porté cependant à dénigrer les Espagnols
et leurs partisans, et qui d'ailleurs, en qualité de mestre de camp général et de confident intime du prince,
devait être parfaitement instruit de l'état des choses;
le baron, témoin de la conférence, ainsi que nous l'a-
vons indiqué plus haut, en parle comme ayant eu lieu

(1) Comte de Modène. — Mémoires du duc de Guise.

avant l'affaire du pont de Frignano, et antérieurement à l'arrivée de l'escadre française. Son récit n'offre pas le moindre indice d'un soupçon sur la loyauté des barons qui défendaient Aversa, ni sur celle du général Tuttavilla dont il cite précisément le nom dans cette occasion.

Est-il probable qu'un général de ce mérite, que des chevaliers si délicats sur le point d'honneur, eussent pensé à souiller leur nom par une si indigne trahison? Ou Santis aura été mal informé, ou quelque ressentiment personnel lui aura fait accueillir légèrement des bruits calomnieux et dénués également d'autorité et de vraisemblance.

Ce que le baron avait prévu fut bientôt confirmé par l'événement. Gennaro Annese et un grand nombre de chefs populaires se montrèrent blessés de cet incident dans lequel ils découvraient plus d'un motif d'inquiétude.

Les amis du duc de Guise eurent fort à faire pour effacer cette impression fâcheuse et pour rétablir la confiance et la discipline ébranlées par de fausses interprétations et par les récits controuvés de la soldatesque.

Peu de jours après, le duc, informé qu'un magasin considérable de grains existait dans le hameau de San-Cipriano, envoya les compagnies de Giacomo Rosso pour s'en emparer. Ce mouvement ayant jeté l'alarme parmi les barons d'Aversa, quinze cents cavaliers sortirent de cette ville et se dirigèrent sur San-Giuliano.

Le duc était à table lorsqu'il reçut l'avis de ce mouvement signalé par les sentinelles avancées. Il monte à cheval, donne au baron l'ordre de poster ses troupes de manière à couvrir le quartier général, et au seigneur des Isnards celui de le suivre avec l'infanterie de Santantimo : lui-même part au galop à la rencontre de la cavalerie des gentilshommes qui s'avançait en bon ordre ; il passe le pont de Frignano, il commence bravement la charge à la tête des compagnies de ses gardes. Mais les nobles, terribles au maniement de la lance et de l'épée, soutiennent le choc si fermement que les gardes plient, se renversent en désordre sur la seconde ligne et perçant tous les escadrons napolitains, font plus de mal encore que l'ennemi.

Le duc au plus fort de la mêlée, déployait cette va

leur brillante qui distingua toujours les princes français ; il multiplia les prodiges de valeur pour rallier les siens ; enfin, voyant l'inutilité de ses efforts, et renonçant à l'espoir de les ramener, il fit sonner la retraite. Elle devait s'effectuer par le pont de Frignano, où il redoutait, se voyant serré de si près par les gentilshommes napolitains, une déroute complète, mais un secours aussi efficace que prompt et inespéré le tira de ce mauvais pas.

Le baron de Modène veillait sur lui ; sans en rien dire, il avait embusqué de l'infanterie dans quelques maisons basses et derrière d'épais buissons qui se trouvaient à la tête du pont. Alors, paraissant à l'improviste avec ses hommes, il protégea la retraite du prince, en arrêtant la cavalerie d'Aversa dont les rangs étaient cruellement éclaircis par une grêle de balles tirées à brûle-pourpoint (1).

Le sire d'Orillac, de la suite du duc de Guise, avait été pris par ceux d'Aversa ; un misérable l'assassina lâchement. Les gentilshommes napolitains lui firent de magnifiques obsèques, pour témoigner publiquement qu'ils n'avaient en rien participé à ce

(1) Comte de Modène. — Capecelatro, M. S.

crime isolé, et qu'ils savaient honorer le courage de leurs ennemis.

Cette rencontre, bien que l'issue en fût malheureuse, donna au prince un grand renom : la valeur personnelle qu'il y avait déployée d'une manière si brillante, démentit complétement les calomnies et jusqu'aux soupçons qu'avait fait naître la conférence avec le duc d'Andria.

Le duc de Guise se tenait donc à son quartier général de San-Giuliano, s'étendant le plus qu'il pouvait dans les villages qui environnaient la ville d'Aversa, et attendant pour l'attaquer, que Pappone achevât d'intercepter la route de Capoue, et que Pastena parût avec les auxiliaires de Salerne, lorsqu'il reçut de Gennaro Annese la nouvelle de l'arrivée de la flotte française déjà en vue de Naples. Son premier mouvement fut d'en concevoir une grande joie ; mais la réflexion changea bientôt ses espérances en crainte et en incertitude.

Effectivement, le 18 décembre 1647, aux premières lueurs du jour ; on signala dans le golfe de Naples, vingt-neuf gros vaisseaux qui jetèrent l'ancre au cap du Pausilippe. L'escadre amenait cinq

brûlots et portait quatre mille hommes de débarquement, sous les ordres de l'amiral duc de Richelieu,
lequel avait près de lui le commandeur de Goutes,
le bailli de Valençay et d'autres personnages considérables, qui prenaient part, comme volontaires,
à l'expédition (1).

La flotte espagnole presque démâtée et privée d'une
partie de ses agrès, se trouvait disséminée sur trois
points différents : à Baia où résidait Don Juan d'Autriche ; à Naples sous la protection du feu des châteaux et sous le commandement de Giannettino Doria ; et enfin à Castellamare où quelques bâtiments
légers gardaient la côte.

Si elle eût été attaquée immédiatement par l'escadre française dans des conditions aussi défavorables, il
n'est point douteux qu'elle n'eût été détruite, n'ayant
rien de ce qui peut faire espérer le succès. Ne pas profiter de leurs avantages, était de la part des Français une faute si énorme, que les Napolitains, naturellement soupçonneux, conçurent aussitôt des dou-
tes sur les véritables intentions de ces forces qui

____

(1) Comte de Modène. — De Santis. — Raphaël de Turris. — Capecelatro, M. S.

s'annonçaient comme auxiliaires, et dont la mission secrète pouvait être bien différente.

Après avoir jeté l'ancre, les Français s'occupèrent d'abord de reconnaître la côte pour effectuer le débarquement. Les délégués du peuple se rendirent à bord ; ils complimentèrent le duc de Richelieu avec de grandes démonstrations de courtoisie, et celui-ci, en les congédiant, leur annonça son intention de mettre une garnison française dans la tour du Carmel. Cette nouvelle déconcerta on ne peut davantage Gennaro Annese qui tremblait toujours de perdre la plus légère portion de son autorité. Il convoqua la junte populaire, et lui donna connaissance de la proposition de l'amiral français, sans l'appuyer ni la combattre. Mais les amis du maître arquebusier, appuyés à leur insu par les agents du vice-roi et par les *cappes noires,* exploitèrent si habilement la méfiance qu'avait éveillée l'amiral en négligeant de détruire la flotte espagnole, qu'il y eut dans la junte une opposition presque unanime à ce que les Français prissent possession de la citadelle du peuple.

Cette opposition mécontenta vivement le duc de Richelieu, qui n'effectua point son débarquement.

L'abbé Baschi, familier du cardinal de Sainte-Cécile, sauta seul à terre, suivi de quelques personnes, et se rendit à San-Giuliano pour visiter le duc de Guise.

Arrivé au quartier général sans rencontrer d'obstacles, il y fut accueilli avec les marques d'une vive satisfaction, et ne s'en retourna qu'après une longue conférence. Nous ignorons ce qui s'y passa ; mais, à la suite de cet entretien, le duc parut si mécontent et si déconcerté, qu'il éclata publiquement et sans garder aucune mesure, enveloppant dans ses injures violentes, la France, le ministre et l'amiral, s'emportant et gesticulant comme un furieux (1).

Les ordres et instructions du duc de Richelieu portaient qu'il aurait à s'entendre avec le seul Gennaro Annese, à la disposition duquel il devait se mettre entièrement : quant au duc de Guise, il n'en était pas même question. Ni les efforts, ni la prudence consommée du baron de Modène, qui lui recommandait la circonspection, ne purent calmer l'impétueux

(1) Comte de Modène. — Marie Tourge-Loredan, l'*État de la république de Naples, sous le gouvernement de M. le duc de Guise*, traduit de l'italien. Cet auteur, qui n'était peut-être pas une femme, dit dans son prologue que son ouvrage est la traduction des mémoires du père Capece, confesseur du duc. Nous ne puisons qu'avec réserve à cette source, ne la jugeant pas très-digne de foi.

jeune homme ; s'abandonnant à la première fougue de son ressentiment, il résolut d'empêcher par tous les moyens possibles l'intervention des Français.

Décidé à prouver qu'ils s'engageaient dans une fausse voie en donnant de l'importance au misérable et ignorant arquebusier, au lieu de s'appuyer sur un prince d'une naissance illustre, il envoya brusquement le baron continuer lé siége d'Aversa, afin de se débarrasser de ses conseils ; puis il partit pour Naples accompagné de son capitaine des gardes, et de son conseiller Agostino de Millo, lettré qui était dans les intérêts du vice-roi, et qui travaillait avec autant de zèle que de persévérance à indisposer le prince contre son mestre de camp.

CHAPITRE XXII.

Informé de toutes les indiscrétions et de toutes les imprudences que la colère avait fait commettre au duc de Guise, et sachant également dans quelles intentions il revenait à Naples, le duc d'Arcos rendit grâce à la fortune qui lui fournissait le moyen le plus sûr d'éloigner cette flotte dont l'arrivée lui avait causé de si terribles inquiétudes. Avant même que son imprudent rival eût mis le pied dans la ville, il avait déjà manœuvré si habilement ; ses instructions aux *cappes noires* avaient circulé avec tant de promptitude ; en un mot, il avait préparé le terrain avec tant de tact et de machiavélisme, que la réception du duc français eut tout le caractère d'un véritable triomphe, et que jamais l'enthousiasme n'avait paru si général.

Agostino de Millo et ses pareils qui ne flattaient le prince que pour le vendre aux Espagnols, profitèrent du vertige que lui donnait cette ovation ; ils lui persuadèrent que le peuple ne voulait plus d'autre chef et qu'il n'avait plus besoin du secours de cette escadre française à bon droit suspecte pour n'avoir point attaqué la flotte ennemie, qu'il était si facile d'anéantir.

Circonvenu par tant d'intrigues, étourdi par ces insinuations perfides, le duc de Guise convoqua la junte populaire, et demanda résolûment le commandement suprême, accusant Annese de vouloir livrer la tour du Carmel au duc de Richelieu, d'accord avec les Espagnols pour menacer l'indépendance de la République. La discussion fut des plus orageuses ; mais les efforts secrets des *cappes noires* secondées ouvertement par les arguments du père Capece, de Giuseppe Palumbo, de Grazullo de Rosis, de Carlo Longobardo, et de plusieurs autres chefs du peuple, triomphèrent de tous les obstacles qn'avaient rencontrés les prétentions du prince français. Il fut proclamé le 23 décembre, *duc de la République napolitaine et défenseur de l'État.*

Exaspéré, Gennaro Annese court précipitamment vers les bas faubourgs en criant que le chef proclamé par la junte va vendre le peuple à la noblesse avec laquelle il est d'accord; mais, aussi lâche qu'avare et grossier, l'arquebusier qui s'était fait de nombreux ennemis, ne trouva ni échos ni appui dans les masses : couvert de confusion, et forcé de dévorer sa rage, il revint s'enfermer dans sa tour.

Quant au duc, tout enivré de son succès, il fit notifier à l'amiral, comme par dérision, le résultat de la séance; puis il parcourut à cheval toutes les rues de la ville, recueillant les acclamations de la foule, et entendant çà et là le cri de *vive notre roi!* qui venait caresser son oreille.

L'historien Santis assure qu'il fut proclamé *doge,* au même titre que le chef de la république de Venise. Nous n'avons connaissance d'aucun document à l'appui de cette assertion. Le baron de Modène n'en dit pas un mot, non plus que les autres auteurs, et leur autorité nous paraît déterminante.

Gennaro Annese pouvait compromettre sérieusement le triomphe de l'ambitieux prince en livrant sa forteresse aux Français; mais incapable de prendre une résolution qui exigeait de l'adresse et du courage, il aima mieux se soumettre humblement au nouveau chef de l'État; en sorte que le duc se vit sans contestation chef suprême de cette république si longtemps rêvée, recevant bientôt après l'adhésion et les félicitations de Pastena, de Pappone, et de tous les chefs de bandes des provinces limitrophes.

Cependant les vaisseaux espagnols, à la faveur d'une nuit obscure, parvenaient, par des manœuvres aussi rapides qu'habiles, à se réunir à Baia. Les Français ne s'en aperçurent qu'au point du jour, et Richelieu résolut d'attaquer; mais ayant contre lui un vent sud-ouest qui soufflait avec violence, il cingla vers Castellamare, où l'artillerie de la côte lui causa d'assez graves avaries pour l'obliger à se mettre hors de la portée du canon.

Le 22, la flotte espagnole réorganisée aussi bien que le permettaient le temps et les circonstances, grâce aux soins également actifs et intelligents de Don Juan d'Autriche, traversait le golfe de Naples et s'avançait contre celle des Français qui, se voyant prévenue, se porta aussitôt en avant. Déjà s'engageait un combat dont l'issue pouvait paraître douteuse, lors-

qu'une violente bourrasque, soulevant tout à coup
les eaux de la mer, rendit la lutte impossible, et
causa de graves dommages aux deux partis. L'escadre française quitta le golfe non sans courir le risque de se briser sur les rescifs : elle passa entre
l'île de Capri et la pointe de Campanella, tandis que
les Espagnols allaient s'abriter sous le canon des
forts (1).

Se croyant désormais assuré de la souveraineté de
Naples, et confirmé dans ces dispositions par les nouvelles des avantages remportés à Teano par Pappone,
au pont de Scafati par Pastena et aux environs
d'Aversa par le baron de Modène, le duc dont l'aveuglement allait jusqu'à considérer les Français comme
des ennemis, se répandit, dès qu'il les vit s'éloigner,
en discours injurieux, n'épargnant dans ses sarcas-
mes ni le duc de Richelieu, ni le marquis de Fontenay ni le cardinal-ministre, ni même la France sa
patrie.

Après la tempête, la flotte française vint reprendre
position dans le golfe où son retour fut signalé le 27.

____

(1) De Santis. — Comte de Modène. — Rapport de Don Juan d'Autriche, adressé au Roi d'Espagne.

Elle attaqua aussitôt celle des Espagnols. On combattit assez mollement de part et d'autre et la victoire resta indécise ; enfin le duc de Richelieu jeta l'ancre près de Nisida. Là, il fit demander des vivres au duc de Guise qui répondit sèchement que *la ville n'en avait pas trop pour elle-même.*

Blessé de ce manque d'égards, informé d'ailleurs des bravades et des propos outrageants du duc, l'amiral français mit à la voile et disparut en capturant un brigantin qui portait des grains aux rebelles.

Le duc de Guise s'applaudit hautement de ce brusque départ, sans soupçonner que la retraite d'un si puissant auxiliaire assurait le triomphe des Espagnols. Mais les Napolitains, étrangers aux passions qui dominaient chaque parti comme aux ressorts qu'elles mettaient en jeu, ne pouvant deviner les instructions données par le roi très-chrétien à sa flotte, furent non moins surpris que découragés en voyant s'éloigner ces forces qu'ils avaient appelées avec tant d'instances, et sur lesquelles reposait tout leur espoir (1). Ainsi se

____

(1) De Santis. — Comte de Modène.

trouvèrent justifiés les calculs du comte d'Oñate,
du duc d'Arcos, de Don Juan d'Autriche, et de tous
ceux enfin qui avaient travaillé avec tant de constance et d'adresse à soutenir la couronne d'Espagne.

Délivré de la préoccupation que lui causait la
présence des Français, et ayant écarté ceux de sés
conseillers dont la sagesse lui devenait importune, le
duc de Guise s'abandonna sans réserve à son goût
pour le faste et à son penchant immodéré pour
la galanterie (1). Il est vrai que ses plaisirs ne
le détournaient point des soins de la guerre ni de
ceux de la justice; peut-être même sur ce dernier
point péchait-il par excès; mais il parlait beaucoup et avec jactance, il étalait un luxe qui contrastait
avec la misère publique et au risque de blesser toutes
les convenances morales, il faisait publiquement la
cour à la belle veuve de l'infortuné Toraldo ainsi
qu'à une sœur de son capitaine des gardes (2). Ce
dernier et le licencié Millo, qui jouissaient de sa faveur intime, déployaient à son exemple un luxe insolent, et pour y suffire, ils ne reculaient devant aucun

(1) Marie Tourge-Lorédan.
(2) *Ibidem.*

des expédients les plus indignes (1). Cette conduite
ne pouvait qu'aigrir le peuple ; le duc de Richelieu,
avant de s'éloigner, avait reçu à son bord des messagers qui venaient l'instruire de tous ces scandales, et
l'avertir que la nation napolitaine ne voulait plus
d'un tel chef. Des délégués secrets furent même envoyés à Rome pour se plaindre au marquis de Fontenay des mœurs dépravées du duc (2).

Cependant celui-ci se flattait de ceindre prochai-
nement une couronne que sa légèreté et ses fautes
éloignaient de plus en plus de son front. Seul,
son fidèle et loyal serviteur, le baron de Modène
travaillait à la lui procurer, en balançant ses imprudences par de nouvelles victoires.

Profitant des succès obtenus par les chefs de
bandes Pappone et Pastena, il pressait Aversa vigoureusement, et avec une constance infatigable. Déjà
le général Tuttavilla s'y trouvait réduit aux plus
dures extrémités. La cavalerie de la noblesse qui
avait beaucoup souffert, et qui était disséminée, devenait insuffisante pour défendre les approches de la

(1) Comte de Modène. — De Santis. — Agnello della Porta, M. S.
(2) De Santis.

ville. Il demanda mais inutilement des secours d'infanterie au vice-roi. Le duc d'Arcos se bornait à lui
faire dire de tenir bon, et de repousser vivement
toutes les attaques. Alors ce capitaine si brave et si
capable, ne pouvant se dissimuler que les barons
n'observaient plus la subordination qu'ils lui avaient
promise, et obéissaient presque toujours à leur propre inspiration, (comme l'avait fait le duc de Maddaloni, lequel n'avait pas craint de se porter sans ordre sur un autre point avec tout son monde), alors,
disons-nous, Tuttavilla assembla un conseil de
guerre. Là, après avoir lu les ordres du vice-roi, exposé les moyens de défense, et débattu les probabi-
lités de l'issue du siége, il fut décidé par la majorité,
ainsi qu'on le voit dans le compte rendu de cette délibération (1), qu'il fallait abandonner Aversa, et aller renforcer la garnison de Capoue, place bien plus
importante et trop faiblement défendue. Cette résolution fut exécutée pendant la nuit, mais avec
moins d'ordre et de maturité qu'il n'eût été désira-
ble. On laissait au pouvoir de l'ennemi des maga-

____

(1) Voir l'Appendice, n° 25.

sins immenses remplis de grains et de fourrages.

Voyant la place abandonnée, le baron de Modène y entra le matin même. Il s'empara de tous les approvisionnements, poursuivit l'arrière-garde de l'ennemi en retraite, et sans perdre un instant avertit le duc de Guise de tout ce qui s'était passé. Le prince se mit en marche aussitôt, afin de prendre lui-même possession de cette conquête si importante. Mais, soit qu'il éprouvât un sentiment de jalousie pour le général qui l'avait si bien servi, soit qu'après avoir supplanté Gennaro et éloigné Richelieu, il crût n'avoir plus aucun ménagement à garder, soit enfin que le poison versé dans son cœur par de perfides confidents produisît son effet, toujours est-il qu'il montra au baron de Modène, et cela en présence de tous, tant de rudesse et de hauteur, une ingratitude qui contrastait tellement avec le service signalé dont il recueillait le fruit, que le vainqueur d'Aversa en fut douloureusement offensé (1).

Quant au général Tuttavilla, il ne parvint qu'à grand'peine à Capoue; tant fut grand le désordre

(1) Comte de Modène. — Marie Tourge-Lorédan.

de la retraite. Il y entra presque seul, comme il arrive dans les revers. Une fois le frein de l'obéissance rompu, les barons se dispersèrent de côté et d'autre avec leurs forces indisciplinées. Les uns se mirent à guerroyer pour leur propre compte ; d'autres regagnèrent leurs domaines où ils voulaient essayer de faire rentrer dans le devoir leurs vassaux révoltés ; d'autres enfin se rapprochèrent de Naples, et nouèrent des relations directes avec le vice-roi (1).

Celui-ci s'était empressé de soumettre à un conseil de guerre la conduite du vaillant et infortuné général ; il le remplaça par Don Luis Poderico, qui, avec plusieurs compagnies d'infanterie et quelques cavaliers bourguignons, alla s'embarquer sur une galère à l'embouchure du Volturno pour se rendre immédiatement à Capoue.

(1) De Santis. — Capecelatro, M. S.

CHAPITRE XXIII.

Du moment où l'escadre française s'était retirée, l'insurrection était perdue de fait, et cependant jamais ses partisans n'avaient paru plus heureux ; jamais sa cause n'avait été servie par d'aussi brillants avantages. La redoutable cavalerie des barons s'était dispersée d'elle-même. Pappone, maître de Sessa, Fondi et Itri, avait grossi considérablement sa bande qui s'étendait sur un assez vaste rayon, et ne permettait point aux Espagnols de sortir de Capoue ni de Gaëte. Pastena, après s'être emparé enfin du pont de Scafati, avait reçu de nouveaux renforts ; et sa marche sur Salerne avait eu pour résultat la prise de cette place importante. Les approvisionnements dont regorgeaient les magasins d'Aversa, devaient rendre l'abondance à Naples. Déjà les principales

villes du royaume, reconnaissant l'autorité du duc de
Guise, faisaient des sorties et dirigeaient des expéditions contre les châteaux où se tenait enfermée la
noblesse, toujours fidèle au roi d'Espagne. Ainsi la
guerre était générale, incessante, et poursuivie
dans un but nettement défini. Nous ajouterons,
pour donner une idée plus complète de la situation,
que le duc de Tursi, le conseiller vénérable de Don
Juan d'Autriche, gémissait dans les fers des rebelles.
Il était retenu prisonnier à Naples, victime d'un excès de confiance ou de noble témérité.

Mais le duc de Guise semblait prendre à tâche de
détruire, par ses imprudences, tout le bénéfice des
faveurs que lui prodiguait la fortune. Se croyant désormais sans ennemis, ou plutôt les jugeant dans
l'impuissance de lui nuire, il s'abandonna à la fougue de ses passions, faisant parade de ses mœurs li-
cencieuses et ne prenant plus même la peine de dissimuler sa haine pour toute espèce de mérite. Il enve-
loppa dans sa propre ruine celle de la cause que sa
présomption s'était flattée de faire triompher.

Il négligea le siége de Capoue où ses troupes se
mutinèrent parce qu'elles ne touchaient pas leur

solde, et le baron de Modène qui les commandait dut essuyer de sérieux échecs. Le duc gas-
pilla, par les mesures les plus ruineuses, les réser-
ves en grains contenues dans les greniers d'Aversa ;
il les livra à des usuriers et à des accapareurs, qui
par avarice et cupidité, spéculant sur la misère publique, au lieu de remédier à la cherté des vivres, en
firent encore hausser le prix. Ce fut en vain que les
partisans éclairés de l'indépendance nationale le
pressèrent de l'assurer par l'organisation d'un gouvernement, et qu'ils lui en indiquèrent les moyens
les plus prompts et les plus conformes aux mœurs et
au caractère des habitants ; il s'obstina à demeurer
le chef unique et suprême d'une insurrection sans
but qui se consumait sans fruit ; agissant suivant son caprice et sans autre règle que son bon
plaisir.

Les choses en étaient arrivées à ce point, lorsque
Don Juan d'Autriche reçut d'Espagne des pouvoirs
illimités, par lesquels on le laissait maître de faire
tout ce qu'il jugerait de nature à étouffer la rébellion, et à conserver le royaume de Naples au roi
catholique. Il résolut dès lors de ne rien négliger

pour répondre à cette noble confiance en sujet loyal et en fils dévoué.

La nouvelle ne tarda pas à se répandre et le duc de Guise l'accueillit avec dédain, quoiqu'il ne dût pas ignorer cependant combien il avait déjà perdu dans l'esprit des Napolitains. D'un côté, Gennaro Annese et ses partisans, de l'autre, les *cappes-noires,* qui voyaient à n'en plus douter que la France abandonnait la cause du prince de Lorraine, firent insinuer à Don Juan d'Autriche qu'il ne lui serait pas difficile d'en venir à un accommodement avantageux, si le vice-roi, dont le nom était détesté, n'intervenait en aucune manière dans les négociations. Les barons eux-mêmes, après s'être concertés entre eux, envoyèrent au prince espagnol un messager pour le prier d'éloigner le duc d'Arcos et de mettre toute l'autorité sous sa main, lui donnant l'assurance qu'on arriverait ainsi à terminer de si désolantes calamités (1).

Don Juan, aussi bon que généreux et éloigné de toute ambition, répugnait à dépouiller à son profit

(1) De Santis.

un homme revêtu d'un pouvoir légitime ; mais pressé de toutes parts, et convaincu que le duc, universellement abhorré, était un obstacle à la pacification désirée, il se décida à convoquer un grand conseil à Castelnuovo. On y discuta longuement s'il était ou non possible de rétablir la tranquillité dans le royaume en conservant l'autorité au duc d'Arcos; s'il convenait ou non de le révoquer ; enfin si, en vertu de ses pleins pouvoirs, le prince pouvait prendre une détermination si grave, et remplacer un vice-roi (1).

Après un long débat où des raisons d'un grand poids furent alléguées pour et contre, ces trois points furent résolus affirmativement par une majorité considérable, de sorte que le duc d'Arcos résigna sur-le-champ, et séance tenante, tous ses pouvoirs, en remettant au prince son bâton de commandement ; non sans éprouver un profond sentiment de chagrin, à l'idée qu'un autre allait recueillir le fruit de sa patience obstinée et de son astuce inépuisable.

(1) De Santis.

Au reste il est notoire, et il est juste de le reconnaître, que, si la faiblesse, l'imprévoyance et l'irrésolution qu'il montra d'abord, avaient porté les choses aux dernières extrémités, sa constance inébranlable dans les revers, sa ferme confiance dans le temps dont il espérait tout, sa détestable habileté à attiser les haines, les rivalités et les passions, à semer, par tous les moyens, la discorde chez ses ennemis, avaient déjà rendu imminente leur ruine définitive et assuré le triomphe prochain des armes espagnoles.

Il s'embarqua le 28 janvier pour Civita-Vecchia emportant avec lui les malédictions d'un peuple entier : mais, disons-le toutefois à l'éloge de sa probité , il partit si pauvre qu'il se vit obligé d'emprunter l'argent nécessaire aux frais de son voyage (1).

Don Juan prit le titre de vice-roi intérimaire. Il publia à Naples, et fit répandre dans tout le royaume une proclamation pleine de tact, et dont l'effet fut merveilleux ; puis il envoya un navire en Espagne, pour rendre compte des derniers événements. Peu de

______

(1) De Santis. — Comte de Modène. — Capecelatro M. S.

jours après, soit qu'il voulût montrer combien il se tenait pour assuré de recouvrer la souveraineté de Naples et de tout le royaume, soit que cette mesure fût motivée par l'état déplorable de la flotte, il lui donna l'ordre de se rendre à Port—Mahon, renonçant ainsi à l'appui qu'elle lui offrait, et aux facilités qu'elle lui garantissait, en cas de retraite.

A la nouvelle de ce changement, le duc de Guise commença pourtant à concevoir quelques inquiétudes; il ne négligea rien pour gagner le duc de Tursi dont il connaissait tout le crédit sur l'esprit du nouveau vice-roi, et qu'il avait traité peu généreusement depuis sa captivité. Mais, voyant que le vieillard ne se laissait pas plus séduire par les promesses et les flatteries, qu'intimider par les menaces et les emportements, il résolut de se signaler par quelque entreprise assez éclatante pour démoraliser ses adversaires, et ruiner les espérances que l'on commençait à fonder sur le prince de la maison d'Autriche.

Il réunit un corps de trois mille hommes d'élite, et attaqua vigoureusement le faubourg de Chiaja. Après s'être emparés sans trop de peine de la

tour de Piedigrotta et de l'église de San-Leonar-
do-à-mare, les vainqueurs se mirent à piller et à
exercer toutes sortes de violences contre les habitants
de ce faubourg qui se montraient peu enthousias-
tes de la révolution. Enorgueilli de ce succès, le duc
voulut attaquer Puzzoles, mais cette fois ses troupes
furent battues ; elles revinrent à la débandade.

Déployant une prudence et une habileté qu'on n'eût
pas attendues de son âge, Don Juan renoua avec Gennaro Annese et avec les *cappes noires* des négociations rompues par la faute de son prédécesseur ; il ne
négligea pas non plus de donner des instructions aux
barons qui combattaient pour sa cause hors de Naples, les invitant à se réunir de nouveau. Quelques-
uns arrivèrent jusqu'à lui à la faveur de déguisements,
et vinrent prendre ses ordres, en se mettant entière--
ment à sa disposition.

Les communications secrètes entre les chefs plébéiens mécontents, et le nouveau vice-roi préparaient
les voies à un accommodement. Des messagers se
croisaient porteurs de propositions qui n'étaient

______

(1) De Santis. — Comte de Modène.

point inacceptables. Les chefs demandaient pour le peuple l'occupation de l'un des châteaux, une intervention efficace dans la nomination des autorités, et la faculté d'envoyer des ambassadeurs au pape, sous la protection duquel devait être mis le traité de pacification. Don Juan répondait : que le peuple occuperait les remparts et les portes de la ville, qu'il conserverait la tour du Carmel, qu'il serait consulté dans le choix des personnes appelées à le gouverner, à l'exception toutefois du vice-roi, de l'amiral et des commandants des châteaux; qu'il pourrait d'ailleurs envoyer des délégués à Rome pour soutenir ses intérêts.

Ces demandes et ces concessions étaient secrètement pesées, lorsque d'heureux événements vinrent ajouter à la faveur qui entourait déjà le prince espagnol. S'il avait perdu les deux galères, San-Francisco de Borja et Santa-Teresa, que leurs chiourmes révoltées livrèrent au peuple, après avoir assassiné les comites et les officiers de marine, d'un autre côté le prince de Rocca-Romana mit en déroute la bande de Pappone, délivrant ainsi la Terre de Labour, et rétablissant les communications entre

Capoue et Gaëte, tandis que, sur un autre point, le duc de Bovino défit complétement Pastena dans une rencontre des plus chaudes, au moment où ce partisan marchait déjà vers Castellamare, et vers la tour de l'Annonciade, dont il se serait facilement emparé, les garnisons de ces places étant très-affaiblies.

Ces avantages acquis aux armes royales consternèrent les rebelles ; de tels. échecs n'étaient point compensés par la prise d'Aversa dont les ressources, grâce à la folle administration du duc, n'avaient apporté aucun soulagement à la disette des Napolitains. Ceux-ci voyaient alors toute l'étendue de la faute qu'ils avaient commise en repoussant le secours de la flotte française, et leur abattement était excessif comme leurs regrets. Gennaro Annese, ceux qui rèvaient la République, les partisans de la paix à tout prix et de la cause espagnole ne négligèrent aucun moyen pour tirer parti de ce découragement. Les factions en minorité se réunirent, ainsi qu'il arrive d'ordinaire, pour renverser le parti dominant, sans s'inquiéter de la complète divergence de leurs vues, et dans l'espoir que l'obstacle une fois renversé, ils triompheraient facilement de leurs alliés, selon leurs vues particulières :

grave erreur qui se reproduit en toutes les discordes civiles !

. Le duc de Guise, toujours plein d'une confiance aveugle dans ses propres ressources, et dominé par ses infâmes favoris, était le seul à Naples qui méconnût le danger de sa situation. S'exagérant ses forces réelles, et comptant plus encore sur le prestige de son nom, prestige déjà évanoui, il décida une attaque générale et simultanée de tous les points occupés par les Espagnols. A l'entendre, en un seul moment et d'un seul coup, il allait se rendre maîtrede la ville entière.

Le baron de Modène s'opposa de tout son pouvoir à ce projet insensé. Bien que mécontent et profondément blessé des procédés du prince à son égard, il continuait à le servir et à le conseiller avec autant de zèle que de loyauté. Il lui représenta, par de solides raisons, combien l'entreprise était hasardeuse, et combien il était plus urgent d'en finir avec le siége de Capoue. Mais le présomptueux gentilhomme dédaigna de si sages avis, et persista dans son

____

(1) De Santis. — Comte de Modène.

dessein, sans prendre même la peine de tenir secrètes les instructions données aux chefs plébéiens
chargés de l'exécuter. Tant de présomption et de
légèreté laissaient au prince vice-roi tout le temps de
se préparer à la défense, de renforcer les postes,
et d'assurer la victoire à sa bannière.

Tout étant disposé au gré du duc français, qui
avait appelé pour le soutenir un nombre considérable de bandits, et les volontaires échappés à la défaite
de Pastena, il fixa l'attaque générale au 12 fé-
vrier. Il distribua la masse des forces populaires en
divisions de deux à trois mille hommes, assez bien
organisées, dont il confia le commandement aux plus
expérimentés et aux plus braves, prenant lui-même
position à San Lorenzo avec une réserve nombreuse, composée d'hommes d'élite.

Les colonnes ayant été placées à leurs postes respec-
tifs, et les chefs ayant reçu leurs ordres, le signal de
l'attaque fut donné. Aussitôt toutes ces forces s'ébran-
lèrent, et chacun, selon la destination qui lui
était indiquée, se porta résolûment en avant. En
un instant le combat devint général. — Il dura furieux et acharné pendant tout le jour et une grande

partie de la nuit ; et bien que l'ordre et l'élan des troupes du duc eussent fait honneur à une armée mieux disciplinée, la défense fut si vigoureuse et si ardente qu'aucune des positions où flottait l'étendard de Castille ne fut enlevée par le peuple. Cependant le nombre des combattants était si inégal, que chaque Espagnol avait à repousser dix assaillants. Malgré cette énorme disproportion, la victoire se prononça pour les armes du roi. On peut se faire une idée des pertes du peuple, qui dans sa rage impuissante venait et revenait sans cesse se ruer contre les palissades et les retranchements inexpugnables des Espagnols. Le baron de Modène, témoin de la lutte, rend lui-même cette hommage au brillant courage de ses ennemis : « Leur valeur, dit-il, acquit plusieurs degrés de gloire dans cette importante journée. »

Le lendemain la ville offrait partout les tableaux les plus déchirants. Les habitants versaient des larmes amères en voyant tous les ruisseaux rouges de sang napolitain. Un fils cherchait à reconnaître son père au milieu d'un monceau de cadavres défigurés ; d'autres voulaient retrouver un fils, un frère, un époux, un amant, quelques-uns un protecteur ou un ami.

Partout régnait une lugubre agitation, qu'interrompaient des cris de douleur et de désespoir.

Les yeux étincelants de fureur, le duc de Guise accusait de lâcheté et de trahison les chefs des colonnes expéditionnaires. Comme il parcourait à cheval toutes les rues de la ville, il entendit sortir des groupes consternés le cri : *la paix! la paix! nous voulons la paix!* ailleurs on criait même : *vive le roi d'Espagne!* tant au milieu du découragement général, se faisait sentir le besoin du repos à tout prix !

Comme pour compléter les désastres de cette journée, les bandits qui étaient venus prendre part à l'expédition, au nombre de plus de cinq mille, réclamèrent avec impudence le salaire promis ; et dans l'impossibilité de les satisfaire, le duc ne leur fit distribuer qu'une modique somme d'argent : alors, profitant du deuil où toute la ville était plongée, ils attaquèrent et pillèrent, avant de se retirer, le faubourg Sant'-Antonio, sans que personne pût s'opposer à ce brigandage (1).

De nouvelles proclamations du duc et les efforts de ses amis rendirent pourtant un peu de calme aux

____

(1) De Santis. — Comte de Modène.

esprits. On avait répandu parmi le peuple, que la flotte française reviendrait bientôt de l'île d'Elbe où elle ne s'était rendue qu'afin de prendre à son bord des troupes de débarquement. Pappone, réunissant de nouvelles recrues, s'était remontré dans les environs de Capoue. Un corps nombreux de rebelles, que le hasard avait mis sous le commandement d'un aventurier français, surprit et tailla en pièces un détachement de troupes napolitaines restées fidèles à la couronne, et dont les capitaines, les marquis de Salsa et de Buonalbergo, et Don Pietro Spinola, combattirent vaillamment de leur personne, jusqu'à ce qu'ils eussent trouvé la mort dans la mêlée. (1)

De tels succès ranimèrent le courage des légions plébéiennes, et leur firent oublier leur cruelle défaite. Quelques-uns de leurs chefs essayèrent, à l'aide d'intelligences secrètes, de s'emparer de la position importante de Pizzo-Falcone ; mais les agents chargés de nouer ces trames perfides furent découverts et pendus immédiatement.

L'horizon devenait moins sombre, et l'esprit pu-

(1) De Santis.

blic commençait à se rassurer, lorsque les partisans de la République insistèrent d'une manière plus pressante, pour que l'on prît au sérieux cette forme de gouvernement ; ils voulaient qu'on s'occupât d'une organisation définitive, seul moyen, selon eux, de sortir de cette confusion qu'ils regardaient comme la cause véritable des alternatives de succès et de revers, et du peu de consistance du nouvel état de choses.

Sur la place du Marché et sur plusieurs autres points de la ville, se formèrent des groupes nombreux au milieu desquels se faisaient entendre les cris des factions opposées : *Vive la République! — Vive le duc de Guise!* ce qui donnait l'occasion à un troisième parti de crier aussi : *Vivent la paix et le roi d'Espagne!*

Enfin, le duc, pour mettre fin à un désordre qu'il avait lui-même fomenté, et dont le résultat ne répondait pas à ses espérances, déclara qu'il voulait organiser lui-même le gouvernement républicain. Il arbora un drapeau portant d'un côté ses armes, et de l'autre les initiales S. P. Q. N. Il nomma une commission pour travailler au projet de constitution, et décider quelles seraient la forme et les attributions du sénat. Ensuite, il fit frapper de la monnaie avec son effigie, et la légende de la République Napolitaine (1).

(1) De Santis. — Comte de Modène.— Capecelatro, M. S.

CHAPITRE XXIV.

Don Juan d'Autriche, avec un tact et une mesure admirables, mettait à profit toutes les circonstances qui devaient amener l'heureux dénouement de ce drame sanglant et prolongé. L'éloignement du duc d'Arcos lui permit de se concilier le cardinal Filomarino. En effaçant peu à peu les anciens ressentiments du prélat, il l'amena graduellement à mettre dans la balance le poids de son influence. Il noua des relations avec Gennaro Annese, fit stimuler Vicenzo Andréa et les républicains, sans cesser de correspondre avec les *cappes noires* et, maniant adroitement tous les intérêts, il put avancer d'un pas sûr dans la voie des négociations. Tant d'habileté, de sécret et de prudence devaient porter leurs fruits, et cependant toujours présomptueux et léger, le duc de Guise n'en concevait aucun soupçon, l'événement seul pouvant faire tomber le bandeau qui couvrait ses yeux. Le caractère de ces deux princes formait le plus singulier des contrastes.

Tout s'acheminait donc vers le triomphe qu'avait si bien mérité la constance des Espagnols au milieu de tous les revers de la fortune, lorsque le comte d'O-ñaté, dont nous avons eu souvent l'occasion de signaler le talent diplomatique, fut investi de la vice-royauté, que Don Juan n'exerçait qu'en attendant la désignation faite par la cour d'Espagne d'un successeur définitif.

Le cabinet de Madrid s'était alarmé à la nouvelle de la déposition insolite, quoique salutaire, du duc d'Arcos, jugeant non sans raison que cette mesure était un précédent dangereux, quelque confiance qu'on eût d'ailleurs dans la loyauté et le dévouement d'un prince dont le père était le souverain lui-même. Déterminé par des considérations si puissantes, ce cabinet se hâtait d'envoyer un nouveau vice-roi qui tînt directement sa nomination et ses pouvoirs du roi catholique.

La cour fut quelque temps indécise sur un choix

conciliant les convenances et les garanties. Quelques
voix s'élevèrent même dans le conseil en faveur du
duc de Medina de las Torres, peu favorablement connu
des Napolitains ; mais, par une détermination judi-
cieuse, on préféra le comte d'Oñate. Également
ferme et habile, le comte jouissait à Rome d'un grand
crédit ; ses qualités personnelles ajoutaient encore
à l'éclat du nom de son père, célèbre par les services
qu'il avait rendus en Allemagne, soit en découvrant
et en déconcertant la conjuration de Waldstein, soit
en luttant énergiquement contre les projets audacieux
de Gustave Adolphe.

Le comte d'Oñate reçut sa nomination à Rome ;
il en donna immédiatement avis à Don Juan, et, le
2 mars 1648, il arrivait à Naples avec cinq galères, de
l'argent, des munitions et quelques troupes de renfort. Il débarqua à l'arsenal, salué par l'artillerie des
châteaux ; et canonné par la tour du Carmel dont les
boulets tuèrent deux rameurs de sa chaloupe, au moment d'aborder.

La conduite de Don Juan fut, en cette occasion,
celle qu'on pouvait attendre de lui ; comme prince,
comme fils, comme gentilhomme et comme vassal,

il montra autant de noblesse que de déférence et de loyauté. Avec une généreuse simplicité et sans la moindre hésitation, il renonça à ce pouvoir irrégulier qu'il ne tenait que de la force des circonstances, pour le remettre à celui qui venait en prendre possession selon toutes les formes prescrites légalement. Afin de rendre au comte d'Oñate sa tâche plus facile, il le mit au courant de toutes les négociations secrètes, ne lui laissant rien ignorer de l'état des affaires, sur lesquelles il lui donna les renseignements les plus sûrs, et même des conseils d'une prudence consommée. Le comte répondit comme il devait le faire à une conduite si désintéressée et si loyale; il loua hautement les sages mesures qui avaient marqué l'administration du jeune prince; et jugeant qu'il ne pouvait mieux faire que de suivre la route déjà tracée, il n'entreprit jamais rien d'important sans avoir consulté son royal prédécesseur.

Le nouveau vice-roi alla reconnaître en personne les châteaux et les postes fortifiés de Naples; il fit répandre des proclamations et des offres d'amnistie complète pour la capitale et les provinces, et se mit en communication avec les villes de second ordre et avec toutes les forteresses qui tenaient pour la cause du roi d'Espagne ; puis il fit passer des ordres et des instructions précises à toutes les colonnes mobiles qui parcouraient le pays. Les places de Capoue et de Gaëte reçurent des secours en hommes, en munitions et en vivres : il activa les relations secrètes déjà nouées avec Gennaro Annese et les *cappes noires*, et sut flatter, en l'encourageant à propos par des lettres pleines de félicitations sur son dévouement, la noblesse qui soutenait dans les provinces les intérêts castillans : quant aux barons qui guerroyaient aux environs de Naples, il les invita à venir renforcer la garnison, ce qu'ils firent avec empressement.

Déconcerté par l'étonnante activité du comte, et par la facilité et le succès avec lesquels il organisait ses ressources, le duc de Guise commença à soupçonner que le terrain sur lequel il marchait pouvait être miné : mais au lieu de reconnaître que ses favoris le conduisaient à sa perte, au lieu de changer de conduite, il s'abandonna les yeux fermés à leurs mauvais conseils et sembla prendre à tâche d'étaler plus scandaleusement encore son luxe

dissolu et ses débauches. Il en vint à un tel point
d'aveuglement, que le baron de Modène qui, malgré sa disgrâce, n'en était pas moins resté dévoué à ce
prince ingrat, l'ayant conjuré de ne pas compromettre ainsi son nom et sa réputation, fut arrêté et
emprisonné par ses ordres. On lui défendit de communiquer avec qui que ce fût, et l'on réunit même,
pour le juger, une commission militaire.

Cette mesure aussi injuste qu'arbitraire, qui frap-
pait un militaire vaillant et loyal entouré de l'estime
générale, et quelques exécutions impolitiques parmi
les chefs les plus considérés de la populace, achevèrent d'éloigner du duc de Guise ceux-mêmes qui
lui étaient d'abord le plus sincèrement attachés.
Bientôt sa personne et son autorité tombèrent dans
un tel discrédit, et le service se fit avec si peu de zèle,
que les postes les plus importants de la ville dé-
meurèrent plusieurs nuits totalement abandonnés.

Gennaro Annese ne manquait pas d'envenimer
ces mauvaises dispositions du peuple à l'égard du
prince français. Il sortit à cheval de sa forteresse
pour aller ameuter contre le duc les faubourgs de
Lavinaro et de la Congeria. Mais Henry de Guise dont

le courage du moins était incontestable, et qui n'hésitait jamais à payer de sa personne, courut arrêter le désordre et réprimer l'insolence de l'arquebusier qui se voyant surpris sur le fait, s'enfuit lâchement et, suivant sa coutume, se réfugia dans sa tour. Cet incident tourna tout autrement que ne l'avait espéré Gennaro Annese ; tous les meneurs de conspirations républicaines que l'on put découvrir furent pendus, après avoir subi les tortures de la question. Sur ces entrefaites, le bruit se répandit que l'escadre française allait arriver avec des forces considérables ; ce qui raffermit pour quelque temps l'autorité du duc, et ranima un peu les espérances. Quelques succès de Pappone sur les rives du Volturno, et de Pastena, près du pont de Scafati, ajoutèrent à l'effet favorable produit par cette nouvelle ; le peuple, toujours si prompt à espérer, reprit confiance et courage.

Le duc de Guise, soit qu'effectivement il comptât sur des secours, sinon du gouvernement français, du moins des bâtiments que pouvaient lui expédier ses agents particuliers, soit qu'il jugeât nécessaire d'accréditer ces espérances, résolut de s'assurer d'un bon mouillage, précaution indispensable dans

une saison où il est si difficile de tenir la mer. Il eut
la malheureuse idée de jeter les yeux sur l'île de Nisida, qui, abritée par le mont Pausilippe, offre un
abri sûr aux navires tirant peu d'eau.

L'île était défendue par un petit château que gardait une faible garnison espagnole. Le duc essaya
d'abord de la gagner à prix d'argent, mais ayant
échoué dans cette tentative, il résolut de s'en emparer
de vive force, et sans plus de réflexion, il sortit de
la ville à la tête de cinq mille hommes, emmenant
pour faciliter son expédition, toutes les barques des
pêcheurs napolitains.

Le comte d'Oñate qui épiait chacune de ses
démarches, toujours prêt à tirer parti de ses fautes,
conçut aussitôt après son départ le projet de faire
une sortie générale des châteaux. Les Espagnols offri-
raient la paix, et agiraient avec vigueur si le peuple
opposait de la résistance. Le comte réunit sur-le-
champ un conseil de guerre sous la présidence de
Don Juan d'Autriche, et il exposa son plan, sans
dissimuler ce qu'il avait de hardi et de périlleux.
Accoutumés à la prudence patiente et aux tempori-
sations du duc d'Arcos, tous les membres du conseil

s'alarmèrent de la témérité du projet ; mais le prince
Don Juan dont le fier courage ne s'accommodait point
de tant de lenteur, et le vieux Don Dionisio de Guzman, esprit vif et entreprenant, défendirent l'idée
du vice-roi avec tant de force et de chaleur qu'ils
emportèrent enfin la sanction de la majorité.

CHAPITRE XIV.

Le comte d'Oñate ne perd pas un instant; il fait circuler avec le plus grand secret les ordres et les instructions nécessaires, sans que l'activité dans l'exécution compromette la prudence de ses vues. Quinze cents bons soldats, sous les ordres du mestre de camp Don Alonzo de Monroy, venaient de lui arriver sur une galère sicilienne; ce secours opportun le décide à tenter la fortune.

Les fortifications de l'île Nisida avaient été soigneusement réparées; les positions militaires des rebelles étaient reconnues, les *Cappes noires* et les chefs populaires gagnés à la cause royale étaient prévenus. La nuit qui précéda le jour mémorable du 6 avril 1648, le comte mit sous les armes toutes les troupes disponibles; ces forces composées d'Espagnols, de Napolitains et d'Allemands dépassaient à peine trois mille hommes.

Don Juan fut un des premiers à se montrer à cheval, et comme le vice-roi le suppliait de ne pas sortir de Castelnuovo et de ne pas aventurer sa personne dans une journée où le péril serait grand et le succès douteux, il répondit en prince et en homme résolu, que ces considérations étaient précisément celles qui l'engageaient à se rendre où l'éclat de son nom l'appelait.

A l'heure et au signal convenus, les forces royales s'avancent ensemble jusqu'à San-Sébastiano. Là elles se divisent, et se portant dans les directions diverses qui leur sont assignées, elles vont attaquer simultanément tous les postes populaires. Elles commencent glorieusement la conquête de la ville.

Le mestre de camp Caraffa commandait cent soixante Espagnols et cinquante Napolitains; il prend possession de la Porte-d'Albe et des bastions de la porte de Constantinople, sans rencontrer de résistance sérieuse, puis il opère sa jonction sur la place *del Almirante*, avec Don Digo de Portugal, qui déjà l'occupait à la tête de trois cents hommes, des-

tinés à soutenir le capitaine Vargas, et celui-ci s'em-
parait du palais du duc de Guise, après avoir dispersé
les gardes peu nombreux qu'on y avait laissés. Le
poste de Sant'Anello est vigoureusement emporté
par cent Espagnols, cent Wallons et deux cents Allemands sous les ordres du mestre de camp Gennaro.
Tandis que le marquis de Torrecusa, avec une compagnie de vétérans et des officiers volontaires, se
charge d'attaquer la Vicairie, dont il sait bientôt
se rendre maître.

A la suite de ces colonnes, qui agissaient à la fois,
appuyées et suivies de près par d'autres détachements,
venait la cavalerie du général Tuttavilla, lequel
avait sous ses ordres le marquis de Peñalva, Don
Alonzo de Monroy, le prince de la Torella et d'autres
gentilshommes napolitains. Tantôt cette cavalerie
se partageait afin de protéger les attaques simulta-
nées, tantôt elle se massait sur les places selon
que l'exigeaient le plan convenu, la nature du terrain, ou le hasard des circonstances.

Don Juan d'Autriche dirigeait en personne l'arrière-
garde, entouré d'une escorte de nobles napolitains
conduits par le duc d'Andria. Il disposait en outre du

régiment de Viedma et de la cavalerie du pays.
Enfin, le comte d'Oñate fermait la marche avec la
cavalerie bourguignonne et quelques arquebusiers
d'élite. Les généraux Guzman, Batteville, Visconti
et plusieurs autres personnages, se groupaient autour
du vice-roi qui suivait d'un œil intelligent toutes les
phases de la lutte et pourvoyait à toutes les éven-
tualités.

Aucun des postes attaqués ne peut résister au
choc des troupes royales ; elles ne s'engagent point
à la poursuite des fuyards, elles ne songent pas à
tremper inutilement leurs mains dans le sang des
vaincus ; laissant seulement quelques hommes pour
garder les positions enlevées, elles se forment de
nouveau sur trois colonnes, afin de traverser la ville
et d'assaillir simultanément la place du Marché et le
faubourg de Lavinaro ; les forces populaires qui
avaient été délogées et mises en fuite avec tant de
facilité s'étant réfugiées vers ces deux points, où
grossies de tous les habitants des bas quartiers elles
se préparaient à disputer aux Espagnols leur rapide
victoire.

Le cardinal Filomarino ne s'était prêté qu'avec

une certaine froideur aux dernières négociations ;
mais apprenant que le prince et le vice-roi triom-
phaient de toutes parts et passaient auprès de son
palais à la tête de leurs soldats vainqueurs, il se hâta
d'aller au-devant d'eux, à pied et en robe de chambre,
pour les féliciter et leur offrir au besoin sa coopération empressée. Le comte l'accueille avec respect et
cordialité ; il ordonne qu'on apporte immédiatement
au prélat ses habits de cérémonie, puis il lui fait
donner un cheval de main richement caparaçonné,
et le plaçant à côté du prince, il continue de s'avancer vers le Carmel (1).

Les masses étaient encore formidables, et en état
d'opposer une forte résistance ; mais à mesure que se
rapprochait d'elles le bruit de la marche et le cli-
quetis d'armes des Espagnols, leur ardeur se refroi-
dissait à vue d'œil. Un seul chef plébéien, Matteo
Amore, osa se porter à la rencontre des troupes
royales et paya de sa vie cet acte de témérité. Pietro
Longobardo mourut de la même manière, en cherchant à défendre le quartier du Port.

(1) De Santis.

Ces deux morts achevèrent de décourager le
peuple et à 9 heures du matin, les troupes du roi
étaient maîtresses de la ville entière, sans avoir perdu
plus de dix hommes. En effet, dès que les soldats
criaient *vive le roi d'Espagne! vive l'abondance! plus.
de gabelles!* les armes tombaient des mains des rebelles et les rues, les balcons et les terrasses se peu-
plaient d'une multitude joyeuse, qui répétait en agi-
tant des mouchoirs blancs : *Vive la paix! vive le roi
d'Espagne!*

Il ne restait plus au pouvoir de la rébellion que
San-Lorenzo, Porta-Nolana, et la tour du Carmel.
Le vice-roi envoya deux détachements pour s'en emparer. Les deux premières positions furent enlevées
sans difficulté, et tous les efforts se dirigèrent contre la
troisième qui était véritablement la plus importante.
Tranquille désormais sur la situation des faubourgs,
le comte d'Oñate réunit toutes ses forces, et confie à
Don Juan le soin de cerner la place du Marché, tandis que lui-même avec des arquebusiers d'élite et
quelque cavalerie légère, parcourt rapidement les
rues avoisinantes, s'emparant des petits postes et des
corps de gardes qui pouvaient servir encore de

point de ralliement aux désespérés. Il veille d'ailleurs soigneusement à ce que le cardinal-archevêque
ne le quitte point dans ce moment critique, en ne
cessant de s'entretenir avec lui des moyens de rétablir
promptement la tranquillité lorsqu'on aura repris
la ville.

Don Juan était arrivé sur la place du Carmel sans
rencontrer aucun obstacle. Un homme pâle et tremblant s'élance du couvent et vient se jeter à ses pieds.
C'était le nouvel élu du peuple, lequel entendant
sortir des lèvres du prince les mots de pardon et
d'oubli du passé, retrouve un peu de courage, baise
la main qui lui est tendue, et prenant un cheval, se
mêle silencieusement au cortége. Bientôt apparais-
sent l'archevêque et le vice-roi; ils s'étonnent que
Gennaro Annese ne se soit pas encore présenté, et le
comte s'apercevant que la forteresse semble se mettre en défense, charge un officier d'énergie d'aller
s'entendre avec le maître arquebusier. Celui-ci, consterné, répond que le cardinal Filomarino se trouvant
là, il désirerait traiter avec son éminence. On ac-
cède au vœu d'Annese pour éviter d'inutiles malheurs,
et le prélat pénètre seul dans la grosse tour. Il ne

tarde guère à revenir après avoir convaincu le chef plébéien, que ce qu'il avait de mieux à faire était de se rendre immédiatement et sans hésiter.

Le comte d'Oñate envoie Don Carlo de la Gatta recevoir sa soumission, mais le perfide Annese, cachant des arrière-pensées sous les dehors d'une fausse bonhomie, et feignant un grand empressement à livrer en détail les vivres, les armes et les munitions qui étaient sous sa garde, retardait avec une intention visible la remise de sa redoutable forteresse : si bien que le vice-roi déjà maître du couvent, finit par perdre patience, et ordonna d'attacher deux pétards à la porte de la tour (1). L'explosion et l'effet qu'elle produisit terrifièrent le chef plébéien; chancelant et défait, il vint présenter ses clefs au prince espagnol dans l'attitude la plus humble et la plus abjecte.

Don Juan le reçut avec clémence, témoignant par ses paroles autant que par ses gestes qu'il lui pardonnait; et comme ce misérable continuait à donner des

____

(1) De Santis. — Comte de Modène.

marques de défiance et de terreur, le prince lui cria avec une sorte d'indignation : *Par la vie du roi mon seigneur, relevez-vous, et ne doutez plus de votre grâce!* Don Carlo de la Gatta fut nommé sur-le-champ gouverneur de la tour du Carmel ; il s'y établit avec deux compagnies espagnoles d'élite et quelques ar—tilleurs allemands.

L'étendard royal flottant sur la citadelle de la ré-bellion, la capitale tout entière était au pouvoir du vice-roi dont la fortune avait couronné l'audacieuse entreprise. Il fit occuper par le général Tuttavilla et le vaillant Alonzo de Monroy, avec des forces choisies, les hauteurs du Vomero, et les plages de Chiaja, afin d'assurer complétement la victoire, en empêchant le duc de rentrer dans la ville (1).

Pendant ce temps-là, Don Juan à la tête des trou-pes victorieuses se dirigeait vers la cathédrale. On y chanta un *Te Deum* solennel au milieu d'une affluence immense ; ensuite le prince parcourut triomphale-ment les principales rues de Naples richement ten-dues de superbes tapisseries. De distance en dis-

(1) De Santis.

tance étaient exposés des portraits du Roi Catholique, que la multitude saluait de ses vivats. Voici comment l'historien Santis décrit les scènes inespérées dont il fut témoin, nous traduisons littéralement de l'italien : « C'était chose incroyable de voir comme pleuraient de bonheur et d'attendrissement, les hommes et les femmes, jeunes ou vieux, riches ou pauvres. Les amis et les ennemis, les habitants de Naples et les gens du dehors s'embrassaient sans rancune oubliant les pillages et les violences des jours passés... On voyait bien que chacun n'avait plus qu'un désir, celui de jouir enfin de cette paix si longtemps désirée. » Le baron de Modène peint le même tableau sous les mêmes couleurs.

Le prince, le vice-roi et le cardinal se rendirent au palais au milieu des acclamations bruyantes d'une multitude transportée de joie ; ils étaient accompagnés des généraux, des conseillers, des principaux seigneurs napolitains et des chefs populaires qui avaient fait leur soumission sans combattre, ou qui avaient travaillé eux-mêmes à la pacification.

Les troupes se retirèrent dans les quartiers et dans

les châteaux après avoir pris soin de combler les tranchées et d'enlever les barricades construites par le peuple. Les postes les plus importants furent militairement occupés; de nombreuses patrouilles sillonnèrent la ville, avec ordre d'observer la plus stricte discipline, et peine de mort pour tout soldatqui molesterait le moins du monde les habitants.

Cependant le bourdonnement des cloches et le bruit des salves d'artillerie ayant averti le duc de Guise que d'importants événements s'accomplissaient dans la capitale, il avait levé le siége de Nisida, et se hâtait de rentrer à Naples, lorsqu'arrivèrent des nouvelles confuses ne laissant aucun doute sur le triomphe complet des Espagnols. Aussitôt il se vit abandonné de toutes ces bandes plébéiennes qu'il commandait. Alors il prit le chemin d'Aversa accompagné seulement de quelques gentilshommes, espérant tenter un dernier effort à la tête des forces réunies autour des murs de Capoue; mais le soir, le bruit s'y répandait déjà de tout ce qui se passait à Naples, et cette armée populaire aussi inconstante qu'indisciplinée se dispersait en un moment.

Informé de la situation du duc de Guise, Don Luis Poderico, craignant qu'il ne se réfugiât dans les États romains, lança toute sa cavalerie vers la frontière afin de lui barrer le chemin. Poursuivi, cerné de tous côtés par ses ennemis, par les paysans et même par ses propres soldats, le malheureux prince mit son dernier espoir dans sa valeur personnelle et voulut s'ouvrir un passage l'épée à la main ; mais son cheval ayant reçu de profondes blessures et refusant de seconder son courage, il fut obligé de se rendre à Visconti, lieutenant de la compagnie de cuirassiers de Don Diego de Cordoue. Il fut mené à Capoue avec dix gentilshommes français qui, obéissant au dévouement chevaleresque de l'époque, voulurent partager sa fortune, et Don Luis Poderico tout en gardant soigneusement son prisonnier, n'oublia point les égards dus à son rang. Deux jours après on le conduisit à Castelvolturno et de là au château de Gaëte, où le sévère comte d'Oñate lui eût fait impitoyablement trancher la tête, sans la ferme opposition de Don Juan qui écrivit à Madrid, pour connaître les intentions du roi. Au bout de quelques mois l'ordre arriva d'envoyer le duc en Espagne, où il ne tarda guère à recouvrer la liberté (1).

Ce fut avec une rapidité extrême que l'on apprit sur tous les points du royaume l'emprisonnement du duc de Guise et la réaction de la capitale. Partout cessèrent aussitôt les horreurs de la guerre civile, et chaque province envoya des délégués à Naples pour faire un appel à la clémence de Don Juan, en se soumettant à l'autorité du vice-roi. Certes, il était difficile de rendre tout à coup le calme à ces populations passionnées qu'avaient agitées de si violentes secousses; néanmoins la fermeté du comte d'Oñate tempérée par l'indulgente bonté du jeune prince, l'habileté, le tact, la prudence qu'ils déployaient en commun, parvinrent en peu de jours à rétablir l'ordre public fondé sur le respect des lois. Les ruines se relevèrent, et bientôt s'effacèrent jusqu'aux dernières traces de ces haines nées dans la phase désastreuse dont le pays venait de sortir.

Ici doit se terminer notre récit. Quelque temps après la flotte française ayant fait une

____

(1) De Santis. — Comte de Modène. — Capecelatro, M. S., et autres auteurs.

apparition à l'entrée du golfe, on découvrit un complôt
de peu d'importance qui coûta pourtant la vie au
turbulent Annese. Le comte d'Oñate affermit encore
la domination espagnole, en reprenant l'île d'Elbe
aux Français qu'il repoussa des côtes de Toscane, et
lorsque beaucoup plus tard l'intrépide duc de Guise
reparut sur les plages de Castellamare, il ne sut
réveiller aucune sympathie.

L'insurrection de Naples avait commencé le 15
juillet 1647, elle se termina, épuisée de ses propres
efforts et domptée par la persévérance espagnole,
le 6 avril 1648 ; courte période durant laquelle les
Napolitains montrèrent une valeur brillante, et parfois une incroyable férocité, et leurs vainqueurs une
constance héroïque.

Le premier but du mouvement populaire, c'est-
à-dire l'abolition de la gabelle des fruits, le peuple
l'avait atteint, il est vrai, mais au prix d'un fleuve de
sang et de pertes incalculables, qui rendirent le re-
mède plus douloureux que le mal, ainsi qu'il arrive
toujours en pareil cas. Le désir de nationalité qui
jaillit du choc de ces événements, bien que généreux
dans son principe, fut si prématuré et si mal dirigé,

qu'il ne pouvait aboutir à rien de durable. Le ciel, dans ses impénétrables décrets, ajournait à un siècle l'émancipation et l'indépendance du royaume de Naples, obtenues depuis par des voies plus justes, plus paisibles et plus légitimes, sous le sceptre d'un grand prince de la maison de Bourbon, qui assura sa grandeur, sa stabilité et sa gloire.

FIN.

APPENDICE

CONTENANT LES DOCUMENTS COPIÉS SUR LES PIÈCES ORIGI-
NALES, OU TIRÉS DES AUTEURS CONTEMPORAINS.

APPENDICE.

NUMERO I.

Acte de Baptême de Masaniello.

Tome I, page 34.

Napoli parrocchia di Santa Catarina in Faro Magno. Libro XII de' battezzati, folio 44 al rovescio, numero progressivo 174 : a 29 giugno 1620.

Thomas Aniello figlio di Cieco d' Amalfi et Antonia Gargana è stato battezzato da me D. Giovanni Matteo Peta, et levato dal sacro fonte da Augustino Monaco, et Giovanna de Lieto, al Vico Rotto.

NUMERO II.

Lettre du duc d'Arcos au cardinal Filomarino.

Tome I, page 120.

Emmo. y Rmo. Señor mio :

El fidelisimo pueblo de esta fidelisima ciudad me ha su-
plicado la confirmacion de sus privilegios, y atendiendo al
afecto y sumo amor con que en todas ocasiones se ha se-
ñalado en el servicio de S. M., he venido en su peticion y
en hacerle merced de despacharle privilegio en forma can-
cillérica, y porque me ha hecho instancia que para mayor
autoridad se publique por V. Ema. en forma pontificia,
suplico a V. Ema. me haga esta merced, y al pueblo este
consuelo, que sera para mì de particular estimacion.

Dios guarde a V. Ema. muchos años como deseo. Datum 6 de julio 1647.

El privilegio se queda despachando, y lo llevaran a V.
Ema. los del fidelisimo pueblo.

De V. Ema. Rma. mayor servidor, el duque de Arcos.

Privilége auquel se rapporte la lettre qui précède.

Philipus Dei gratia Rex, etc. D. Roderico Ponce de Leon
duca d'Arcos, etc.

Noi con perpetuo' privilegio concediamo al fedelissimo popolo di questa fedelissima città di Napoli, che siano estinte e abolite tutte le gabelle et impositioni poste nella città di Napoli, e nel regno dal tempo dell' Imperador Carlo V di fel. mem. fin a quest' hora : e di più indulto generale di qualsivoglia delitto d' ogni sorte commesso dal principio della presente revolutione fin a quest' ultimo punto, com' anche d' ogni delitto, e inquisitione passata, etiam con non havere remisione di parte, dando tempo quattr' anni d' accaparla, etc. Dat. nel Castel Nuovo, 10 luglio 1647. — El duque de Arcos.

<hr>

NUMERO III.

Lettre du duc d'Arcos au cardinal Filomarino.

Tome I, page 134.

Emmo.. y Rmo. Señor mio :

Las nuevas desconfianzas del pueblo con el accidente del duque de Magdalon, me tienen en sumo cuidado, porque no deseo otra cosa que la satisfaccion del pueblo y ajustamiento de la ciudad, hame parecido decir a V. Ema. que si hubiere a las manos algunos de los bandidos, le entregue en manos de la fidelisima ciudad, y cualesquiera

otros que nos perturben la quietud. V. Ema. se sirva de
que pase esta noticia, y de mandarme avisar lo que se
ofrezca, y como se halla V. Ema., cuya Emma. persona
guarde Dios por muchos años—Palacio, 10 de julio 1647.

Aviseme V. Ema. de lo que haya hecho, ordenado y
ajustado; porque mi animo es y sera cumplir cuanto he
ofrecido a la fidelisima ciudad de parte de S. M. y mia.

. Señor mio : Dejome maravillado este caso, y ofrezco a
V. Ema., por vida del Rey, que cualquier bandido o persona de estas que yo pueda haber a las manos, enviarla
he a las del fidelisimo pueblo, a quien quiero desengañarle
de que yo deseo la quietud. — De V. Ema. — El duque de
Arcos.

NUMERO IV.

Lettre du duc d'Arcos au cardinal Filomarino.

Tome I, page 143.

Emmo. y Rmo. Señor mio : Por mano de V. Ema. se
han ajustado las pretensiones de este fidelisimo pueblo de
Napoles, y yo le he concedido el privilegio que me ha pe-
dido, despachado en toda forma, y le he entregado el del
Sr. Emperador Carlos V, y de nuevo apruebo y ratifico

todo lo que contiene, asi el privilegio de la Cesarea Majestad, como el que en nombre de S. M. he despachado, y que se comprenda en el indulto, no solamente lo hecho hasta ahora y tiempo que le envié a V. Ema., sino lo que despues aca se ha obrado, y castigaré con toda severidad a los bandidos que hubieren sido llamados por cualquier persona, y con mayor rigor a los que los hubiesen convocado como perturbadores de la paz publica. Y viendo que se dilata la conclusion de este negocio y que crecen por instantes los inconvenientes, he querido representarlo à V. Ema., para que como padre de toda esta ciudad, se sirva de dar a entender a este fidelisimo pueblo como de esta dilacion puede resultar que los enemigos de S. M. tomen ocasion para inquietar este reino, y sembrar dentro de esta ciudad nuevas disensiones, cosa que no puede dejar de sentir mucho este fidelisimo pueblo, que siempre se ha mostrado tan celoso del servicio de S. M., y que ahora lo encamina todo a este fin ; y juntamente se servira V. Ema. de decirle, que todos los daños que se siguieren de no tomar luego esta resolucion, asi en esta fidelisima ciudad como en su reino, al servicio de Dios, al del Rey nuestro señor, a los templos, a los ciudadanos, mujeres y niños inocentes, todo correra por cuenta de los que dilataren el cumplimiento de lo que esta ajustado, cuando yo en nombre de

S. M. estoy dispuesto a la ejecucion de él, y he hecho por mi parte lo que he podido, para que este fidelisimo puebol conozca los tiene S. M. por hijos, y de los mas amados de su monarquia, y yo los trato como a tales y deseando su alivio y quietud. Todo lo pongo en manos de V. Ema. a quien guarde Dios muchos años. — Napoles, 11 de julio de 1647.

Despues de haber escrito este billete he entendido que V. Ema. no se halla en el Carmen. Suplico a V. Ema. se sirva de volver alli y hablar a este fidelisimo pueblo en la conformidad referida, y procurar darle a entender con su autoridad cuanto conviene ajustar luego lo concertado, sin dar lugar a dilaciones, que sera obra muy digna de V. Ema., à quien no tengo que añadir nada. De V. Ema. Rma. mayor servidor.— El duque de Arcos.

NUMERO V.

Lettre du duc d'Arcos au cardinal Filomariño.

Tome I, page 143.

Emmo. y Rmo. Sr. : Quedo con mucho gusto de las nuevas que me trae el maestre de camara de V. Ema.

muy conforme la esperanza que siempre he tenido de ver
ajustadas estas materias por mano de V. Ema. a quien se
debera todo, y le suplico continue la diligencia que hasta
aqui ha puesto porque veamos con perfeccion concluido
negocio tan grande, y porque no estemos sujetos a que se
desbarate tantas veces lo que una vez se ha asentado; sera
el unico remedio que V. Ema. se sirva de asentar firme-
mente con la junta de este fidelisimo pueblo que no se dé
crédito a ninguna novedad de las que dijeren, si no fuere
por mano de V. Ema., pues yo tampoco creeré ninguna
de las que llegaren a mi, si no por el mismo medio. —
Dios guarde a V. Ema. largos años, Castelnuovo, 11 de
julio de 1647. — De V. Ema. Rma. besa las manos su
mayor servidor, el duque de Arcos.

NUMERO VI.

Lettre du duc d'Arcos au cardinal Filomarino.

Tome I, page 144.

Emmo. y Rmo. Señor mio.

El teologo de V. Ema. me ha dicho que hoy se pondra
en ejecucion por parte de este fidelisimo pueblo lo que

esta ajustado, y que yo detenga las galeras. Envio la orden inclusa abierta para que se detengan en cualquie parte que se hallaren. Espero que hoy saldrémos de este cuidado por mano de V. Ema., a quien vuelvo a suplicar no permita se dilate mas como lo he hecho en el papel que lleva el maestre de camara de V. Ema., a quien Dios guarde muchos años. — Palacio, 11 de julio de 1647.

De V. Ema. Rma. su mayor servidor, el duque de Arcos.

NUMERO VII.

Première constitution accordée par le vice-roi, duc d'Arcos.

Tome I, page 145.

Philippus Dei gratia, etc.

D. Roderius Ponce de Leon, dux civitatis Arcos, Marchio de Zara, comes de Bailen, dominus domus villæ de Marchena, et Garzia, et in præsenti regno vicerex, locumtenens, et capitanus generalis, etc.

Essendoci stato supplicato per parte del fedelissimo popolo di questa fedelissima città di Napoli la esccuzione

delli privilegi, e concessioni fatte dalla felice memoria del
rè Ferdinando Primo d' Aragona per insino al rè Federico,
e dopo il spoglio di detto rè Federico, della mita de voti
alla piazza del popolo, che su promessa la restituzione da
Ferdinando il Cattolico, a petizione dell' eletto di quel
tempo Alberico Terracina, e questo nell' anno 1506, e
sempre per detto popolo si è preteso la restituzione di detta
mita de voti, e che per tale effetto se le dovresse dare ed
esibire il proprio privilegio originale, ed in caso che non
si trovasse, che da noi si procurasse averlo quanto prima
da Spagna, e frattanto tutta la città e regno goda detto privilegio in perpetuo con l' infrascritti altri capitoli, che ci
sono stati presentati per parte del detto fidelissimo popolo,
quali sono l' infrascritti, videlicet.

1. In primis questo fidelissimo popolo di Napoli vuole
il proprio privilegio originale del rè Ferdinando d' Aragona
per insino al rè Federico e dipoi il spoglio del rè Federico,
della mità delli voti alla piazza del fedelissimo popolo, che
su promessa la restituzione da Ferdinando il Cattolico a
petizione dell' eletto di quel tempo Alberico Terrazina, e
queste nell' anno 1506, e sempre per detto popolo si è
pretesa la restituzione di detta mità de voti, e se non si
trovasse, vadino otto e dieci deputati del popolo a trovarlo,

et dato caso, che non si trovasse, che sua eccellenza pro-
curi averlo quanto prima da Spagna. Frattanto tutta la
città e tutto il regno goda il detto privilegio in perpetuo.

II.   Item, che goda la città il perdono generale de cri-
mine læsæ majestatis, etiam in primo capite, quatenus si
fosse incorsa, e cosi d' ogn' altra cosa etiam in personna di
sua escellenza (benchè il popolo intenda non essere in corso
mentre sempre ha detto, Viva il rè di Spagna), dalli sette
del presente mese di luglio per tutto il tempo che si darà
esecuzione a questo privilegio, perche detto popolo pretende essere estata tantummodo mossione di gente, fi-
gliuoli, e bassi per levamento, ed oppressioni di gabelle;
e che li carcerati, che hanno fatto uscire dalle carceri, go-
dano l' istesso indulto, non obstante qualsivoglia altro ordine che non godessero altro indulto in loro favore. ?

III. Item, che l' eletto del popolo se faccia per sei mesi
in S. Agostino dalli capi dell' Ottine, come concesse
Carlo V, in virtù di privilegio, tiene stampato, e non pia-
cendo al popolo detto eletto ne possano fare un altro; e di
più si debbiano mutare li capitani di strada, consultari e
deputati ogni sei mesi, e che li facci il popolo in S. Agostino: in tutto conforme li capitoli; avvertendo, che da qua
avanti per detto eletto non si possa pretendere confirma

dalli capitani, ma dall'Ottine, e che sopra di questo si osservino li capitoli stampati.

IV. Item, che l'eletto sopradetto abbia voti e voci egualmente quante ne ha tutta la nobiltà, conforme le teneva avanti, che rè Frederico no lo privasse, e se occorrerà moltiplicare le piazze de nobili, si accrescano altre tante voci al popolo.

V. Item, se per caso detto privilegio non si trovasse, che nessuna gabella stia in piede, ma se levino tutte, tanto per la città quanto per il regno ed anco delle cose spettanti a Moccia, seu al regio Portolano, ed imposizioni, seu alla piazza delli melloni, e ad ogni altra cosa spettante alla città, e che questo abbia effetto.

VI. Item, che lo donativo novamente imposto dal signor duca de Medina si levi, perche nel privilegio di Carlo V non vi è, e se in detto privilegio si fosse se obliga il popolo di darlo, purche non sia nella margine overo aggiunto; e questo s'intenda per la città, e per tutto il regno; e detto donativo duri per il tempo conforme la stipulazione delli baroni.

VII. Item, che si levino le imposizioni delli sigilli della regia camera della summaria, della gran corte della vicaria, del consiglio delle regie audienze del regno, e per la città ; e de te prerogative se abbiano da firmare sotto il sopra detto privilegio di Carlo V di gloriosa memoria, quando si ritrovasse, da tutto il collaterale e consiglio di stato ; ed anco che si levi il jus dell' anno e mezzo per cento, che si paga nelle sentenze del sacro consiglio novamente intro detto.

VIII.   Item, che non si facci dimostrazione alcuna di questo tumulto, successo dalli sette del mese di luglio insino all' infrascritto giorno del presente privilegio, e che sua eccellenza prometta fra termini di mesi tre fare venire la ratifica e confirmazione di S. Maestà per dette prerogative, e che tutto il convenuto si debbia sculpire in marmo da ponersi nella piazza del Mercato, ed in tutti altri luoghi dove verrà il popolo a sua elezione.

IX.   Item, che in nessuno altro futuro tempo non si possa mai più ponere nessuna gabella, ma avendo bisogno Sua Maestà, vuole il popolo sovvenirla con la vita, con la roba e quanto hanno.

X. Item, vogliono ancora il popolo, che detto privilegio si stipuli nel luogo, dove eleggerà detto fidelissimo popolo, publicamente con l' eletti nobili, e con quello del popolo firmato da Sua Eccellenza, collaterale e consiglio di stato; e che detta stipulazione si abbia da fare nella chiesa maggiore di Santa Maria del Carmine di questa fedelissima città di Napoli, e che venghi poi la ratifica de Sua Maestà fra detto tempo.

XI. Item, che il Graffiero lo faccia il popolo con la nobiltà accettando detto privilegio.

XII. Item, che li delinquenti e contumaci napolitani siano liberi ed indultate da qualsivoglia loro inquisizione e delitti ancorchè non tenessero remissione di parte offese, ma dove sarà necessario, la debbiano procurare fra dieci anni di tempo, ancorchè fossero fuorgiudicati di sententia in qualsivoglia tribunale, etiam regie giunte e visite. E tutte le giunte debbiano restare stinte, sia che li negozi si trattano nelli tribunali ordinari, e particularmente che restino assoluti, liberi ed indultati tutti l'inquisiti d'interceti e contrabandi e che li carcerati per tal causa siano subito escarcerati, tanto napolitani quanto forastieri, levando anco tutte le delegazioni, restando in piede quelle fatte da Sua Maestà, servata la forma della sua real lettera.

XIII. Item, che le armi non si debbiano levare a detto popolo, insino a tanto che non se sia dato lo exequatur a detti privilegi e capitoli, e che insino che non seli conse-

gnara detto privilegio, non si levino dette armi, ringraziando similmente detto popolo Sua Eccellenza di tal privilegio, accettando detto privilegio.

XIV. Item, che se intendano levate tutte le gabelle,
tanto della regia corte, quanto della fedelissima città, non
solo quelle imposte d' ordine de signori Vicerè e Nobiltà,
sia anco del popolo, sia che siano manutenuti nella possessione, che al presente si ritrovano, obtenuta etiam per
violenza, di non pagare gabella alcuna, cosi di corte come
della città; ed anco tutti nuovi imposti ed imposizioni, che
s' esiggono nella Dogana ; ma solamente restino in piede
quelle che si pagavano nel tempo dell' imperatore CarloV,
e qualsivoglia altra, etiam in solutum data a particolari,
ed occorrendo recorrere alli bisogni del Rè nostro signore,
l' abbia da un eludere il modo l' eletto del fedelissimo po-
pulo solamente capitani de Strada e consultori. :

XV. Item, che le chiavi dove si conservano li privilegi
della città, una di quelle ne abbia da tenere l' eletto del
popolo.

XVI. Item, in caso che non si ritrovasse lo privilegio
originale, conforme di sopra, Sua Eccellenza permetta, che
il fedelissimo popolo faccia le minute del detto privilegio, e

di altre grazie che desidera; che Sua Eccellenza se li con-
cederà per li meriti del detto fedelissimo popolo.

XVII.   Item, che l' azioni fatte dal popolo contro chi
ha consultato dette imposizioni, ed indebite gabelle, e di
chi l' avea affittate, estorquendo ed esigendo quelle con
tanta rigurosità in avere abruciato li mobili di quelli; loro
in pena e che detti tali non possano aver giammai voto nelle
cose publiche nell' amministrazione di questa città, e che
di qualsivoglia cosa, o delitto per detta causa fatte, non sene possa pigliare informazione come di sopra.

XVIII.   Item, che nessuno di detti che hanno patito di
esserli abruciate le robe, cioè officiali regi, siano suspetti
contro chi si fosse trovato abruciare dette robe, tanto per
cause civile come criminali.

XIX.   Item, che le cose comestibili si possano e debbiano
vendere in tutti luoghi publici, non ostante qualsivoglia
proibizioni di portolano o altri ministri.

XX.   Item, che tutte le contrassise che si faranno alli
subditi, etiam a faccia a faccia, non s' intenda altro di
pena, che di carlini sette e grana sette.

XXI.   Item, che tutti li forzati di galera che hanno
finito il tempo siano liberati subito.

XXII. Item, nel detto indulto generale vada anco compresso Masanello d'Amalfi Napolitano, e suoi compagni, li quali marciando verso la torre del Greco con la sua compagnia, accompagnati da molti di Portici a S. Gio: a Teduccio, per incontrare alcune compagnie, che entravano nella città, ed avendone quelle incontrate, si posero dentro la chiesa di S. M. di Costantinopoli in difesa, ed esso Tommaso Anello, e compagni, per aver le armi, che portavano detti soldati, fu necessario mettere fuoco alla porta della detta Chiesa, e per detto eccesso in detto luogo successo si perdoni ad esso Tommaso Anello e compagni, stante che si è fatto per servizio del publico, e per osservanza de' privilegi, mentre ch' essi non tenevano armi.

XXIII. Item, che non osservandosi detti capitoli e privilegi, volendo il popolo pigliare le armi, non s'intenda rebellione (quatenus cene fosse), di nessuna maniera, ma giusta defensione delle ragioni del popolo. Conviene con prontezza con che sempre ave accudito al servizio di Sua Maestà cattolica fare la presente, con la quale assentemo e condescendemo alli suddetti capitoli e dimande, justa loro serie, continenzia e tenore. Ita, etc., taliter, che così si osservino ed abbiano il loro debito effetto ed esecuzione. Datum Neapoli in regio palatio, die 13 mensis julii millesimo sexcentesimo quadragesimo septimo.

Diego Bernardo de Zufia Reg. Mattias de Casanate Reg. Antonius Caracciolus Reg. Hector Capyecius Latro Reg. Dom. Vicerex. Locumtenens, etc., capitaneus generalis mandavit mihi Donato Coppola. Il Principe di Satriano, Pompeo di Gennaro duca di Belforte, il principe di Cellammare, D. Garone Capece Galeota principe di Monteleone, Gio : Tommaso Blanco, il marchese di S. Sebastiano, Francesco Toraldo principe di Massa, Gio : Battista de Mari Marchese di Assigliano, Carlo della Gatta, il Marchese della Torella, Luzio Caracciolo duca de S. Vito, D. Giuseppe Mariconda, Achille Minutolo duca del Sasso, D. Luise Ponze de Leone.

Capitoli, e Grazie aggiante per Sua Eccellenza, concesse a petizione di detto fedelissimo popolo di Napoli.

I. Item, che nella Mastria del governo della santissima Annunciata di Napoli, esercitata cosi dal Mastro, seu gobernatore nobile, come da quelli della piazza del fedelissimo popolo, possano entrare e concludere li maestri, seu gobernatori di detto fedelissimo popolo di detta S. Casa, ancorche non intervenga lo maestro, seu gobernatore nobile, essendone, però di numero, che possano concludere.

II. Item, che il regio protomedico abbia da essere me-
dico nativo napolitano tantum, con l' istesse prerogative,
ed emolumenti, che se li davano anticamente.

III. Item, che essendo reintegrato, che li voti, seu voci
dell' eletto del fedelissimo popolo siano tanti, quanti quelli
di tutte le piazze de' Nobili, per questo avendo ogni piazza
di Nobili, nel tesoro di S. Gennaro, due cappellani bullati
dal Sommo Pontefice, se ne abbiano dal detto fedelissimo
popolo da eleggere otto altri, che in tutto siano diece, quanti ne hanno detti deputati de' Nobili, e che abbiano da essere Pretri nativi Napolitani tantum.

IV. Item, che li marinari pescatori, ed altri soggetti
alla gran corte dell' Almirante, non abbiano da essere ri-
consciuti per qualsivoglia causa d' altro tribunale, eccetto
che da detta gran corte dell' Almirante assolutamente ; e
con semplice requisitoria restino alli tribunali recluse le vie
di pigliare informazione, conforme all' antichi privilegi di
detta gran corte dell' Almirante.

V. Item, che s'intendano anco levati, e sospetti tanto
il secretario della Vicaria, quanto il jus di detta secretaria,
conforme anco saranno levati tutti l' altri sigilli regi ; e
della secretaria si abbia da esercitare dalli magnifici mas-

tri datti in capite della Vicaria, conforme l' antico solito, etiam con li loro sigilli. Dat. Neapoli die 13 julii millesimo sexcentesimo quadragesimo septimo.

El duque de Arcos.

Diego Bernardo Zufia Reg. Mattias de Casanate Reg. Antonius Caracciolus Reg. Hector Capyecius Latro Reg. Dominus Vicerex, Locumtenens, etc., capitaneus generalis mandavit mihi Donato Coppola. Il principe di Satriano, il marchese di S. Sebastiano, il principe di Cellammare, il marchese della Torella, Gio : Tommaso Blanco, Gio : Battista Mari, Carlo della Gatta, D. Giuseppe Mariconda, D. Gerone Capece Galioto, D. Luise Ponze de Leone.

NUMERO VIII.

Décrets administratifs de Masaniello.

Tome I, page 173.

Il fidelissimo popolo di questa fidelissima città di Napoli, avendo inteso, che chi tengono le cisterne dell' oglio, quello vendono a somma grossa di stara a monasteri, e persone facultose, in grave pregiudizio e danno de cittadini, e volendo rimediare a tale inconveniente; ordinamo e comandamo a tutte le persone, che tengono cisterne d'oglio, ed altri che vendono a stara, che da oggi avanti sotto pena di rebellione non debbano quello vendere, se non a bottegari, ed a quelli, che vendono a quarto per Napoli, e volendo comprare a stara, che vengano da noi. Di più ordinamo e comandamo sotto l'istessa pena a tutti li capitani cosi dell'Ottine, come di fanteria, che debbiano provvedere l'artiglierie di facchetti di palle di moschetto, o di cartocci di latta pieni di dette palle, per essere il tiro a corto, dove non serve la palla. E di più si ordina e comanda a tutti li cittadini di qualsivoglia grado, stato e condizione si sia, che da oggi avanti, sonatta un'ora di notte, si debbiano trovare alla loro casa, ed occorrendo caso di urgente necessità, come del Santissimo Sacramento, o di figlianze, debbiano farlo intendere al capitano delle milizie, il quale li debba subito dargli soldati sufficienti che l'accompagnino dove sarà necessario. Di più che tutti li soldati delle compagnie de questo suddetto popolo debbano dar l'ubbidienza alli loro capitani, cosi delle Ottine, come militari, e gli altri loro superiori, sotto pena di quattro tratti di corda, o parendo altrimenti a detti capitani ed a loro superiori, li debbano mandare carcerati da noi per ordine di Sua Excellenza, e del fidelissimo popolo. Die 12 mensis julii 1647. Tommaso Aniello d'Amalfi.

NUMERO IX.

Décret du Vice-Roi contre les bandits.

Tome I, page 173.

Philippus Dei gratia Rex, etc., D. Roderio Ponce de Leon, duque de la ciudad de Arcos. Por cuanto se hà entendido, que dentro la fidelisima ciudad, y sus burgos se hallan muchos bandidos con grande escandalo y desconsuelo del fidelisimo pueblo, deseando poner el remedio que conviene, hemos resuelto publicar el presente bando, y mandamos en pena de la vida, salgan luego, sin dilacion ninguna, los bandidos de esta fidelisima ciudad, y sus burgos, y con la misma pena de la vida y pérdida de todos sus bienes, mandamos que ninguna persona de cualquier calidad y grado que sea, los tenga en su casa, ni debajo de su proteccion, porque se ejecutaran irremisiblemente las dichas penas, sin respeto ni excepcion alguna. Dado en palacio a 12 de julio de 1647. — El duque de Arcos. — Donato Coppola, secretario.

NUMERO X.

Amnistie accordée par le Vice-Roi.

Tome 1, page 235.

Philippus Dei gratia Rex. D. Rodericus Ponze de Leon, dux civitatis Arcos, Marchio de Zara, comes de Bailen, etc., Casares, Dom. Domus Villæ de Marchena, etc., Garzia, etc., in præsenti regno Vicerex, Locumtenens, etc., capitaneus generalis. Essendo pervenuto a nostra notizia, che in questa fidelissima città si vanno cercando diverse persone per causa del tumulto successo in essa da Tommaso Anello d' Amalfi; e perchè la nostra intenzione è che non solo si osservi l'indulto fatto, ma quello ampliare, come con questo ampliamo, etiam per li delitti commessi per sino alla publicazione del presente bando. Perciò ci è parso ordinare a tutti li capitani di giustizia, di campagna, bari-

gelli, ed altre qualsivogliano persone di qualsivoglia grado
e condizione si siano, che sotto pena di morte naturale non
ardiscano carcerare nessuna persona eccettuando però il
fratello, e cognato di detto Tommaso Anello, e gli altri carcerati portati dal fedelissimo popolo, al quale confirmamo,
et quatenus opus est, di nuovo concedemo tutti li privilegi,
e grazie concesse al detto fedelissimo popolo et da noi giu-
rate alla chiesa dell'Arcivescovato la giornata di sabato tre-
dici del corrente mese. Dat. Neapoli, die 16 mensis julii
1647. — El duque de Arcos, Cristobal de Rivera.

NUMERO XI.

Déclaration exigée par l'abbé du monastère de la Cava.

Tome I, page 250.

In Dei Nomine. Amen.

Die sexta mensis januarii primæ indictionis 1648. S. Ex-
cellentissimus et Illustrissimus Dominus Dominicus Co-
lessi generalis Serenissimæ Reipublicæ civitatis Neapoli-
tanæ cum juramento tactis literis dixit, asseruit, et decla-

ravit se ipsum quatenus ad ipsum spectat non intendit modo aliquo usurpare nec prejudicere juribus, actionibus, dominio, possessioni bonorum, jurium, jurisdictionum, privilegiorum, immunitatum, prerogativarum Sacro Monasterio Montis Casini Divi Benedicti spectantium ac pertinentium pleno jure dominii et possessionis, in quo ad præsens reperitur dictum Venerabile Monasterium ; nec etiam præjudica realiis Ecclesiis sub quovis pretextu querito solare et ingenio, expresse declarando, ut declaravit concessiones factas universitati Santi Germani nec includi nec obesse debere ullo modo Venerabilis dicti Sacri Monasterii juribus, actionibus, præerogativis, possessionibus et jurisdictionibus nec aliter, nec alio modo ec, quibus ec, unde ec, Presbiterus ec, Carolo Rerio de Sauvino. — Petro de Talluccio Qud. ad Cont :

> V. S. D. Octaviano Sabellico
>
> V. S. D. Bartolo Sabellico.
>
> Cap. Dominico de benis pres.

NUMERO XII.

**Représentations respectueuses adressées par le peuple
au cardinal Filomarino.**

Tome 1, page 254.

Eminentiss. e Reverendiss. Signore, sene viene questo
fidelissimo popolo a supplicare Vostra Eminenza, che come
amorevolissimo Padre e Pastore, voglia restar servita di
adoperarsi in modo que da Sua Excellenza ne venghi osservato tutto ciò, che per mezzo di V. Emin. concesse alle
giuste petizioni di questo fidelissimo popolo; perchè lo
strapazzo, che al presente Sua Eccellenza fa, mancando
all' osservanza de' privilegi, ne darà occasione di farne ri-
solvere a dar piuttosto ubbidienza, a qualsivoglia persona,
che agli Spagnuoli, che cercano di dominare un regno per
solo fine di distruggerlo. Non è necessario, Eminentissi-
mo Signore, di scrivere a V. Em. che sta benissimo infor-
mata, in quali e quante calamitadi e miserie si ritrova
questo fidelissimo popolo, colpa de passati Vicerè, e Nobiltà, basterà solamente supplicare V. Emin. voglia de-
gnarsi ricordare a Sua Excell. che facendo questo fidelis-

simo popolo altre deliberazioni, e mancando a Sua Maestà,
conforme la presente S. Eccellenza ne manca, tutto farà
colpa della sua soverchia stiratura abusando troppo tanta
fedeltà, quanto l' ha mostrato il fidelissimo popolo. Supplica di più questo fidelissimo popolo, che V. Emin. voglia farli grazia ordinare alli Padri gesuiti, che vogliano
attendere alli Divini offici, stante che detti Padri con inde-
bito zelo, e con una carità pelosa vanno cotidianamente à
raccomodare al signor Genovino gl' interessi propri e
particolari, stuzzicando il vespajo per essere cacciatti in
camicia, con poco gusto e soddisfazione di questo regno ; e
qui sol fine bacia a Vostra Eminenza li piedi. Di Napoli a
21 de luglio 1647. Di V. Emin. Reverend. Fid. e devotissimo servo il popolo napolitano.

<hr>

NUMERO XIII.

Modifications apportées à la première capitulation.

Tome I, page 265.

Nota di quanto si è mutato, ed aggiunto ne' primi capitoli avertendo, che l' aggiunto, o mutato è quello che se-
quita dopo questo segno †.

Numero 1. Fin Verb. Spagna † o vero dove si trova.

Num. 3. In med. Ver. deputati † e secretario del popolo.

Detto num in fin. Ver. stampati † e tutti li officiali di sopra di tutti offici, che spettano alla città, detti siano nativi napolitani.

Num. 5. Item si per caso, † che nessuna gabella stia in piedi, ma si levino tutte, tanto per la città, quanto per il regno, etiam fiscali, ed anco si levino le cose spettanti à Moccia, seu al regio, Portulano, Montiero maggiore, l' imposizione della piazza delli Melloni, ed ogni altra cosa, ed imposizione spettante alla città e regno. Ma debbiano solamente restare in piede quelle, che ritrovò, e confirmò l' imperator Carlo V; e caso che si trovassero a quel tempo gabelle ed imposizioni onerose e gravi siano nulle, ed anco restino in piedi tutti li privilegi, che concesse Carlo V, e suoi antecessori a beneficio della fidelissima città, e suo regno.

Num. 6. In prim. Verb. perchè † purchè nel privilegio di Carlo V non vi fosse, e se in detto privilegio ci fosse, si debbia pagare purchè non stia nelli margini, ovvero aggiunto, e detto donativo duri per il tempo conforme la stipulazione delli baroni.

Num. 7. In med. Ver. città † ed ànço il sigillo per fuor Napoli, e il Jus registri.

Num. 8. Ver. insino † a tanto che saranno eretti, ed affissi l' epilaffii nelli luoghi stabiliti, e data esecuzione a tutti li privilegi, e che per detto tumulto in futurum tanto la città, quanto il regno non si molestano.

Num. 9. In fin. Ver. il popolo † la città. Nel Ver. roba † secondo la possibilità di ciascheduno per servizio di questa fidelissima città.

Num. 14. In prin. Ver. che † si levano tutte le gabelle. Ver. città † di Napoli, e regno. Ver. popolo † ed altre, e Ver. Dogana † e che si levi qualsivoglia altra etiam in solutum data a particolari, e si levano tutte le altre imposizioni. Ver. in piede † tutti li privilegi, e benefici, che concesse l'impèrator Carlo V, e suoi antecessori, successori a beneficio di detta fidelissima città, suo regno. Ver. il modo † dal Sig. Eletto del fidelissimo popolo, con li signori consultori, capitani, e capi dell' ottine.

Num. 15. In fin. Ver. popolo † ed un' altra la nobiltà.

Num. 16. In princ. ritrovasse † ritrovassero li privilegi originali. Ver. popolo, † e regno, e così promette e vuole, che si osservi in futurum.

Num. 17. In prin. Ver. popolo, † e regnò in med. Ver. mobili † case ed altri stabili.

Num. 18. In princ. Ver. essendo † adesso, o in futurum officiale regio, tanto di questa fidelissima città, quanto di tutto il regno, non possa giudicare, nè intervenire nelle cause di persone populari, cosi civile, come criminali, e miste, per esserli sospetti.

Num. 21. In fin. Ver. subito † e cosi si osservi in futurum.

Num. 23. In fin. Ver. abbiano † il libero.

Nelli capitoli, e gracie concesse da S. E.

Num. 1. In fin. Ver. concludere † ed essendo il nobile unitto all' audienza di etta casa santa con li gobernatori del popolo, abbia avere detto nobile una voce conforme ciascheduno del popolo, e dell' istesso modo detti gobernatori del popolo debbiano avere li voti nelle cose concernenti del banco.

Num. In fin. Ver. anticamente † e detto protomedico, unito con li nove del collegio dell' arte della medicina, possano far esequire con loro tasse e debbia durare un' anno, ed anco li detti nove di detto collegio di medicina non possano essere nuovamente detti, se non sono finiti tre anni e siano nativi Napolitani.

Num. 3. In prin. Ver. che lo † dello eletto.

Num. 4. In fin. Ver. admirante † eccetto però le cose di grassa.

Num. 5. In prin. Ver. che † si levano tanto il secret. In fin. sigilli † registri.

VI.   Item, che occorrendo di soggiovare il Rè nostro si—gnore, abbia da pigliare espediente il popolo per la sua rata parte, come anco debbiano fare li cavalieri per la me—desima loro rata parte, e che possano eliggere una persona per portare il donativo a S. M. come anco li cavalieri deb—biano eliggere un' altra persona, come fa il popolo, per condurre detto donativo a Spagna per li bisogni di S. M. ; ed in evento, che li cavalieri non restassero contenti di eliggere detta persona, in tal caso S. E. l' eligga, nomi—nando uno della nobiltà, che vadi insieme con aquella eletta dal popolo.

VII.   Item, che in ogni futuro tempo non si possa dar tratta fuora del regno di cosa comestibile, seu di grassa da S. E. e da baroni e da chi spetta, ancorchè avessero privi—legio di dar tratta, e in futurum.

VIII. Item, che quando si ha da fare la cavalcata, il popolo possa eliggere il sindico della città, che vadi, con
detta cavalcata, cioè una volta al detto fidelissimo popolo ,
e un' altra al seggio, che toccarà alli cavalieri, cioè caso
che tocasse al seggio di Nielo, dopo debbia toccare al popolo: al seggio di porto, e dopo al popolo e cosi alternativa-
mente, e ringraziando S. E. delle tante grazie, che ha
fatto, e fa al fidelissimo popolo di Napoli.

IX. Item, che il popolo debbia eliggere una persona
che vadi in Spagna a rappresentare à S. M. le capitolazioni
concesse da S. E. in nome di S. M.

X. Item, come insino ad oggi il Jus della Dogana per
tutta e qualsivoglia sorte di mercanzia si è stato a ragione
di carlini dodici e grana sei per onza, e discusso al presente
quello, che si ha da dedurre per le nove grazie concesse
al detto fidelissimo popolo, e rimasta solo l' esazione dell'
antico a tempo dell' imperatore, non più che carlini tre e
mezzo per onza etiam in futurum. Con declarazione, che
detti tre carlini e mezzo per onza, si debbiano pagare di
quelle robe, che erano soggette a dette imposizioni a tempo di Carlo V; e questo lo debbia dimostrare il Doganie-
re, o a chi spetta, che robe erano a quel tempo; altrimente

sia lecito al padrone di dette robe di non pagare detti carlini tre e mezzo.

XI. Item che il battaglione creato dalla Cesarea Maestà di Carlo V non possa uscire in futurum fuori di questo regno di Napoli, stante che lo creò per custodia di detto regno e questo s' intenda anco per la caballeria.

XII. Item che l' apprezzi, misure de territori, e beni, che accorrerà commettersi in partibus, cioè fuori della città, e Borghi, si possano commettere all' officiali delle terre di detti beni, e quelli debbiano eliggere due esperti, non sospetti per detti apprezzi, e misure, non ostante qualsivoglia prammatica, ed ordine, e questo per evitare le spese, ed altri danni delli poveri negozianti.

XIII. Item che lo danaro da esiggersi in futurum per li bisogni di S. M. lo abbia da tenere la fidelissima città, cioè una chiave gli eletti nobili, e un' altra l' eletto del fidelissimo popolo, e quello portarsi a S. M. da due deputati, uno della piazza del fidelissimo popolo, e un altro della nobiltà.

NUMERO XIV.

Ordonnance concernant le tissage de la soie.

Tome I, page 276.

Su Excelencia a peticion de la noble arte de la seda, ha-
sido servido de que toda la seda, que se halla en esta fidelisima ciudad, y que en lo venidero se emitiere, se haya de
labrar dentro de esta fidelisima ciudad, sin que se pueda
extraer para labrar en otra parte del reino, o fuera de él,
de que aviso a V. S. para que asi lo haga ejecutar. — Dios
guarde a V. S. Palacio, 13 de agosto de 1647, y que acu-
dan con el privilegio para que se dé el despacho por can-
cilleria, con rubrica de S. E. — El duque de Cansano.

NUMERO XV.

**Acte de désistement relatif aux prétentions du peuple sur
l'occupation du château Saint-Elme.**

Tome I, page 307.

Perchè questo fedelissimo popolo di Napoli fra gli capi-

toli supplicati a Sua Eccellenza (qual è l' ottavo) li demanda, che il castello di S. Elmo fosse gobernato e custodito
dal detto fedelissimo popolo, al detto capitolo e rimasta
Sua Eccellenza servita far la riposta del tenor seguente.
Ecco la riposta di Sua Eccellenza. Al octavo capitulo se
responde, que S. E. estima como siempre el celo y fidelidad de este fidelisimo pueblo, y cree que estara muy bien
gobernado en sus manos el castillo de S. Elmo; pero que
siendo provision de castillo, no puede disponer en ella, ni
el castellano obedecera sus ordenes, por tener hecho pleito homenaje de no entregarle sin orden de S. M. , y sin em-
bargo S. E. suplicara a S. M. conceda este capitulo a este
fidelisimo pueblo. *Ecco l' accettazione con la pena.* Qual
riposta essendo stata letta dal magnifico secretario di
questa fedelissima piazza al sopraddetto fedelissimo popolo, in presenza del signor eletto, e magnifici capitani, tanto di fanteria, quanto delle 23 ottine, magnifici consultori
di detto fedelissimo popolo, hanno riposto viva voce, che
accettano detta riposta; che però si ordina e comanda alla
pena di rebellione di Sua Maestà, e di questo fedelissimo
popolo, e di morte naturale, che nessuno ardisca nominare
di volere sorprendere il detto castello di S. Elmo, atteso
questa è la volontà del detto fedelissimo popolo, con carcerare il delinquente, e presa diligente informazione, sia

irremisibilmente incorso nelle suddete pene, e non costan-
do, incorra il denunciante nella medesima pena, riservan-
dósi a S. E. il scrivere a Sua Maestà servata la forma
della preinserta riposta. — Il principe di Massa D. Francesco Toraldo d' Aragona, capitan generale. Francesco
Antonio Arpaja, eletto del fedelissimo popolo. Geronimo
Vecello, secretario.

NUMERO XVI.

Constitution lue solennellement dans la chapelle de Castelnuovo.

Tome I, page 315.

Philippus Dei gratia Rex.

D. Rodericus Ponze de Leon, dux civitatis de Arcos,
marchio de Zaara, comes de Bailen, et casares. Dominus
domus villæ de Marchena et Garzia, et in præsenti regno
Neapolis per suam catholicam Majestatem vicerex locumtenens, et capitanus generalis.

1. Essendoci stato di nuovo supplicato per parte del

fedelissimo popolo di questa fedelissima città di Napoli l'infrascritti altri capitoli, e grazie, per detto fedelissimo popolo presentatici quali sono li sequenti videlicet, In primis, che tutti gli officiali, ed altre persone, che li sono state incendiate le loro case in questa città dalli 7 de luglio 1647 fino ad oggi, siano disterrati dal presente regno di Napoli in perpetuo, e che mai possano ottener grazia alcuna da S. M. cattolica (che Dio la guardi), e che fra termine di un mese, numerando dal di della stipulazione di detti capitoli debbiano sfratare da questo presente regno, e elasso detto termine, e ritrovandosi ciascheduno di essi nella città e regno, incorrano ipso facto nella pena di morte naturale, e si possano impune occidere; e di più li loro descendenti di linia mascolina mai possano esercitare, nè esser creati officiali, e ministri regi di questa fedelissima città e regno, e questo in perpetuo; eccettandone però la casa del Maggio: Batista Bujacarino, e suoi discendenti, stante che con il capitan Stefano, suo figlio han servito e servono con puntualità S. M., e' l fedelissimo popolo di polvere, non apportando esempio ad altri, ed eccettuandone anco tutti gl' incendiati per causa di gioco: con dichiarazione, che non si comprendono nel presente capitolo li padroni delle case, nelle quali abitavano gl' Incendiati, ma s' intenda solamente le persone predeite incendiate. Ci è

parso concedere, siccome con questa concedemo al fedelissimo popolo, tutto lo contenuto in questo presente capitolo; però elasso detto mese ci contentiamo, che si possano
cacciar dal regno dal detto fedelissimo popolo, a costa delli
detti incendiati, e vitrovandosi la seconda volta dopo elasso un altro mese, si possa eseguire la pena contenuta in
questo presente capitolo. Però questo non s'intenda nelle
persone militari.

2. Item che il presidente della regia camera della summaria Giulio Genovino sia privato del suo carico di presidente, e vicecancelliero, e cosi anco il giudice Giuseppe
Santovincenzo sia privato di giudice di Vicaria, e Fra Luca
Genovino sia similmente privato del carico di capitan di ca-
balli, e che li sopradetti Giulio, Giuseppe e Fra Luca siano
disterrati dal presente regno; insieme con tutti i loro descendenti di linea mascolina in infinitum, eccettuato le figlie
femine, e discendenti di linea feminina; e nè essi, nè detti
discendenti di linea mascolina, ut supra, non possano mai
ripatriare, nè ottener grazia, nè anco da S. M. cattolica, e
nel suddetto termine d' un mese debbiano sfrattare dal
presente regno sotto l' istessa pena della vita, per averne
machinato falsamente contro detto fedelissimo popolo di
Napoli e regno, il che è notorio a detto fedelissimo popolo ;

e li parenti di linea mascolina di detti Giulio, Giuseppe, e
Fra Luca sino al quarto grado, computando de jure cano-
nico, non possano esercitare offici regi di questa fedelissima città e regno, cosi d' amministrazione di giurisdizione,
come di cose pubbliche. Ci è parso concedere, siccome con
questa concedemo quello, che si damanda nel presente capitolo. Verum in quanto alla pena di morte naturale, s'
intenda conforme nel precedente primo capitolo.

3. Item, che Alonzo de Angelis sia privato di tutti i
suoi offici, che tiene e possiede dentro la regia Dogana di
Napoli, e per tutto il presente regno, e quelli vadano in
beneficio del fedelissimo popolo di Napoli, etiam se detti
offici si ritrovassero in testa d' altri, e che detto Alonso sia
disterrato dal presente regno nel sopradetto termine d' un
mese, nè mai possa esser aggraziato etiam da S. M. , e
che li figli mascoli, e loro discendenti di linea mascolina sino al quarto grado non possano aver offici regi, nè baronali, nè di città. Ci è parso concedere, siccome con questa
concedemo, conforme si dimanda.

4. Item, che, il duca di Maddaloni, e Gio: Angelo Bar-
rile, duca di Caivano, e loro discendenti in infinitum di
linea mascolina, eccettuandone le femine e discendenti

dàlla linea feminina, siano disterrati dal presente regno
in perpetuum, e che mai possano ottenere grazia alcuna
da S. M. cattolica, e che fra termine d' un mese debbiano
sfrattare dal presente regno, e vitrovandosi ciascheduno
di essi nel regno, si possano impune occidere, e cosi sempre in perpetuum si debba osservare con detti descendenti
di detti duca di Maddaloni, e Caivano, quando si ritrovasse
ciascheduno d' essi in regno; ed anco D. Carlo Spinello, e
D. Lucio Sanfelice, e suo frattello D. Andrea siano similmente disterrati dal presente regno di Napoli in perpetuum, e che mai possano ottener grazia alcuna da S. M.
cattolica, e nell' istesso termine d' un mese debbiano sfrattare sotto l' istessa pena della vita, e li discendenti delli
detti Spinello, e Sanfelice della linea mascolina mai possano esercitare, nè possano esser creati officiali e ministri
Regi di questa fedelissima città, e presente regno, e questo
in perpetuo; e tutte le dette pene che s' intendano anco
contro li discendenti di Giuseppe Caraffa. Ci è parso concedere, siccome con questa concedemo, conforme si domanda; però in quanto alla pena di morte naturale, s' intenda
conforme al primo capitolo.

5. Item, che tuti li rumori, revoluzioni, commovi-
menti, anco che importassero sedizioni, e ribellioni (ben-

chè il fedelissimo popolo giustamente pretende non esser
in corso, per aver trattato di sua difesa, ed osservanza di
privilegi, acclamando sempre : *Viva il Re di Spagna*) fatti,
e successi sotto li 21 del presente mese d' agosto insino ad
oggi, tanto avanti li regi palazzi con i spagnuoli ed altri,
quanto contro li regi castelli, con cannoni, mine, Trince-
re, Bastioni, ed altre batterie, ed assalti contro detti regi
castelli, e palazzi, con aver anco sparato contro quelli, e
tentato darli a terra, e per l' armi pigliate da dentro la regia Dogana di questa fedelissima città, e nuovi incendi in
detta città e regno, e ciò che fusse occorso in questa città, e
qualsivoglia altra parte del presente regno, e signanter
per la morte del presidente della regia camera della Summaria Tabvizio Cennamo, e di qualsivoglia altro officiale,
tanto togati, quanto di cappa corta, cosi temporali, come
perpetui, regi e baronali, e di Giovanserio Sanfelice, e
qualsivoglia altro omicidio occorso in detto tempo, anco de'
soldati spagnuoli, ed alemanni, dell' armi pigliate dalla casa dell' illustre principe d' Ascoli, e per qualsivoglia altra
causa, che ricercasse specifica menzione e declarazione,
ed ogni altra cosa successa dalli 7 di luglio 1647 fino ad
oggi ; che mai se n' abbia, nè debbia fare dimostrazione alcuna, ma se li dia il perdono, ed indulto generale in am-
plissima forma, come se mai le cose suddette, nè alcuna

dì esse fossero succedute : e s' intendano similmente aggraz-
ziati tutti gli artiglieri, ed ingegnieri, tanto cittadini, come
forastieri, etiam stipendiari di S. M. cattolica, stante che
hanno servito il fedelissimo popolo; e trovandosi carcerati
per tal causa, tanto per il tumulto successo dalli 7 di luglio, quanto delli 21 del presente mese d' agosto sino ad
oggi, debbiano similmente godere detto indulto, tanto li
cittadini di queste fedelissima città, quanto del presente regno, di qualsivoglia stato, grado, e condizione siano dette
persone, eccettuandone però quelli, che machinarono di
ammazzare il magnifico Francesco Antonio Arpaja, eletto
di questo fedelissimo popolo, quali al presente si ritrovano
carcerati. Ci è parso concedere, siccome con questa concedemo, conforme si domanda.

6. Item, che il regio palazzo di S. E. e tutti li posti, e
galitte, dove entravano per prima le guardie spagnuole,
da oggi avanti, ed in perpetuum si debbiano custodire, e
guardare per le compagnie di detto fedelissimo popolo per
servizio di S. M. cattolica, e suoi felicissimi successori, e
dell' Eccellentissimi signori Vicerè del regno, a' quali detto
felicissimo popolo desidera servire con ogni fedeltà ed
amore, conforme per il passato hanno assistito in dette
guardie le fanterie spagnuole; e dette compagnie di detto

fedelissimo popolo si debbiano comandare da capitani eligendi dalla piazza di detto fedelissimo popolo, e questo s
debba observare in perpetuum, con le prerrogative istesse
che dette compagnie spagnuole hanno sempre goduto. Noi
non possendomo concedere a questo popolo lo che si contiene nel sopradetto capitolo, se ne scriverà a S. M. cattolica, facci tutte le grazie al detto fedelissimo popolo, che
merita la sua fedeltà.

7. Item, che tutti li nobili, tanto quelli, che godono
nelli seggi di Napoli, quanto quelli, che godono nobiltà
nel regno, non possano avere, nè esercitare offici regi, nè
di Foghe, nè militari, nè qualsivoglia altro officio pubblico,
nè di città, ed amministrazione di essa, cosi di sindico, o
eletto, come di deputatione, o altro appartenente a detta
fedelissima città di Napoli, e suo distretto, ma quelli si debbiano esercitare da cittadini nativi, ed oriundi tantum dal
detto fedelissimo popolo di Napoli, e non per cittadini per
privilegio; e con essi cittadini, del fedelissimo popolo vadino compressi quelli che godono nobiltà nel regno, purchè siano nativi, e oriundi napolitani, e siano anco com-
presse le famiglie, che godono nelli seggi di capuano e
nido, e le persone tantum, che stanno attualmente servendo
Sua Maestà cattolica nel consigno collaterale, et di stato, e

la persona del presente secretario del regno consigliero
Donato Coppola, e tutti gli altri, che al presente stanno servendo Sua Maestà cattolica in esercizi militari. Con declarazione, che con questa eccettuazione non s' induchi esempio a rispetto d' altri, nè per li loro discendenti, escludendo
il duca di Maddaloni, D. Carlo Spinello, Gio : Angelo Bar-
rile, duca di Caivano, e loro discendenti in infinitum, con
li discendenti in infinitum del quondam D. Giuseppe Carrafa, ed anco Fra Vincenzo della Marra, ed il quondam Pizo,
alias Fabrizio Carrafa ed altri, quali si trovarono all' omicidio del quondam dottor Camillo Soprano, essendo al-
lora gobernatore della casa santa dell' Annunciata di
questa fedelissima città di Napoli ; il quale Fra Vincenzo,
che al presente vive, s' intenda fra il medesimo termine
del mese disterrato da questa fedelissima città e regno,
sotto pena di morte naturale, nelli tempi e modi di sopra
declarati ; e li discendenti del detto quondam Fabrizio non
siano ammessi ad offici, ed onori, come di sopra, e non s'
intendano però compresi nel distierro. Ci è parso concedere, siccome con questa concedemo, conforme si domanda.

8. Item, che Francesco Albano, Camillo, alias Millo
di Francesco, ed altri affittatori, che tennero l' affitto della

gabella de frutti, siano disterrati dal' presente regno fra il sopradetto termine di un mese, sotto l' istessa pena della vita, nè i loro discendenti in perpetuum possano esercitare offici regi, nè militari di questa fedelissima città e regno, etiam mercenari e non possino esser aggraziati, etiam da Sua Maestà cattolica, e detto Francesco Albano sia privato del suo officio di rationale di camara, nel quale era stato eletto; e durante il termine di detto mese per detto distierro, detti gabelloti de frutti debbiano depositare le mesate, che devono per causa di detto affitto, con la rata da loro esatta sino alli 7 di luglio prossimo passato, ed anco tutti gli altri gabelloti, arrendatori, e gobernatori di qualsivoglia gabella, ed imposizione, che s' esigeva prima nel presente regno, debbiāno depositare tutte le quantità per essi debite per tutto il tempo passato sino al detto giorno 7 di luglio 1647, per quelli dividersi alli consignatori di arrendamenti, ed imposizioni per la rata di loro crediti; da dove perverranno detti danari. Ci è parso concedere siccome con questa concedemo, conforme si domanda; però a rispetto della pena della vita, s' osservi conforme sta disposto al primo capitolo.

9. Item, che il regio castello di S. Elmo di questa fedelissima città di Napoli si debbia tenere e guardare da citta-

dini nativi napolitani di questo fedelissimo popolo, acciò detto regio castello si tenghi e guardi esattamente per servizio di Sua Maestà cattolica, e della fedelissima città di Napoli; e questo in perpetuum, escludendone però da detta guardia li Jannizzari, etiam di qualsivoglia nazione, ancorchè siano nati in Napoli. Noi non possendomo disporre, nè concedere quello, che domanda il fedelissimo popolo nel sopradetto capitolo, se ne scriberà a Sua Maestà cattolica.

10. Item, che li capitani delle regie galere della squadra di questa fedelissima città di Napoli siano, e debbiano essere cittadini nativi napolitani del popolo, escludendone li Jannizzari, e persone d' altre nazioni, ancorchè fussero quelle nate in questa fedelissima città di Napoli; e cosi anco s' intenda dell' altri officiali della squadra di dette regie galere, cosi maggiori, como minori, debbiano similmente essere cittadini del popolo, e non Jannizzari, nè di altra nazione, come di sopra. Ci è parso concedere, siccome con questa concedemo, conforme anderanno però vacando.

11. Item, che tutti quelli, quali hanno macchinato, e fatto firmare da alcuni cittadini una scrittura falsamente contro detto fedelissimo popolo di Napoli, debbiano insie-

me con tutti i loro discendenti di linea masc olina, fino al
quarto grado de Jure civile, sfrattare dal presente regno
nel sopradetto termine d' un mese, escluse però le figlie
femine, e discendenti di linea feminina; ed avendosi in
potere del popolo detti machinanti, si possano impune occidere, escludendo dalle pene predette quelli, li quali hanno
firmata detta scrittura; quali machinatori, e capi di far
firmare detta scrittura si debbiano declarare per la fedelissima piazza del Popolo, precedente informazione juris
ordine servato. Ci è parso concedere, siccomo con questa
concedemo, conforme si domanda; però a rispetto della
morte naturale, s' intenda conforme al primo capitolo.

12. Item, che Francesco Antonio Arpaja eletto del fedelissimo popolo, Domenico Molone, Agazio Assanto, Tommaso de Alfiero tenente di maestro di campo generale, il
sergente maggiore Perez, l' aggiutante Francesco Acito,
ed altri che si ritrovino ritenuti nel regio castello, eschiño
dal detto regio castello con le medesime prerogative, con-
tinuando, ed esercitando i loro stessi offici, e carichi
come prima. Ci è parso concedere, siccome con questa
concedemo, conforme si dimanda.

13. Item, che si debbia fare una casa per conservazione

delle artiglierie, ed altre armi a disposizione del fedelissimo popolo, e s' abbia da custodire da detto fedelissimo
popolo, e per le persone da esso eligende. Ci è parso concedere, siccomo con questa concedemo conforme si domanda.

14. Item, che li giudizi della gran corte della Vicaria
civili e criminali, non possano essere di maggior numero,
che sei civili, e sei criminali, e di età non meno d' anni
trenta, e siano tutti nativi napolitani, o vero oriundi tantum, non escludendo le famiglie delli leggi predetti di Capuano e Nido, dalli quali però ne siano per sempre escluse
le suddette famiglie eccettuate, e declarate come di sopra ;
e che li presenti giudici si debbiano levare, eccettuando
però il giudice D. Tommaso Caravita, acclarato general-
mente dal fedelissimo popolo; e che li detti giudici tanto
civile, quanto criminali debbiano essere biennali, e non
perpetui, e dare a suo tempo il sindicato, conforme le regie Prammatiche, costituzioni, e capitoli del regno. Ci è
parso concedere, siccome con questa concedemo, conforme
si dimanda.

15. Item, che li regi consiglieri del S. R. C. presidenti
e razionali della regia camera, ed officiali e ministri della

regia scrivania di razione di questa città, e del regno, av-
vocati fiscali, e de poveri, ed ogni altro officiale e minis-
tro, che per prima non davano reindicato, tanto di questa
fedelissima città, quanto di tutto il regno, debbiano dal
sindicato ogni tre anni avanti li sindicatori eligendi dalla
fedelissima città, e per le città e luoghi del regno respec-
tive, nel modo e forma che ordinando i capitoli, costituzioni e prammatiche del regno; e però si supplica Sua
Maestà non mandare per l'avvenire visitatori generali,
supplicandosi anche S. E. che il presente visitator generale si licenzi, lasciando d'esercitare la regia visita eccettuandone dal detto sindicato triennale l'illustri e spettabili
reggenti della regia cancelleria, presidenti del S. R. C. ed
il luogotenente della regia camera della summaria. Ci è
parso concedere, siccome con questa concedemo, conforme
si domanda anche per lo che spetta al presente visitatore
generale, rispetto di egli ha declarato tener licenza da Sua
Maestà di non continuare detta visita.

16. Item, che li scrivani fiscali di vicaria debbiano essere nativi napolitani, ed oriundi tantum, e siano nati da
legittimo matrimonio, e non inquisiti di delitti, nè privati
per causa d'offici, e quelli, che al presente sono, si levino
e si cassino, ritrovandosi inquisiti, convitti però, confessi,

o condannati per causa d' offici tantum; ed a rispetto delli scrivani del S. R. C., regia camera della Summaria, vicaria civile, ed altri tribunali, ed offici, per qualsivoglia, che si esercitano in questa fedelissima città e regno, possano essere Napolitani, e regnicoli, purchè non siano inquisiti ut supra; e l' istesso s' intenda ancora per li notari e giudici a contratto di questa fedelissima città e regno, ma debbiano essere similmente napolitani, o regnicoli, purche non siano inquisiti ut supra, e la ricognizione di essi notari spetti solamente al spettabile presidente del S. R. C. Ci è parso concedere, siccome con questa concedemo, conforme si dimanda.

17. Item, che Salvatore, e Carlo Cataneo, Angelo Ardizzone, Andrea Rama, ed altri declarandi per la piazza del detto fedelissimo popolo, siano nel prodetto termine d' un mese disterrati dal presente regno, e che mai possano essere aggraziati, etiam da S. M. cattolica e ritrovandosi ciascheduno di essi per il regno, incorrano ipso facto nella pena di morte naturale, e si possino impune occidere; e li loro discendenti in infinitum di linea mascolina non possano godere offici regi, nè baronali di questa fedelissima città e regno, stante che furono machinatori della morte di Masanello. Ci è parso concedere, siccome con questa

concedemo, quanto si dimanda nel presente capitolo; però in quanto alla morte naturale, s' osservi l' ordinato nel primo capitolo.

18. Item, che tutti li reverendi monachi, e frati forastieri debbiano partire dalli monasteri, e conventi di questa fedelissima città e regno, dove si troveranno, eccettuati però li nativi dello stato ecclesiastico, e spagnuoli, li quali però non possino essere superiori nelli monasteri della religione loro di questa fedelissima città e regno, ma debbiano essere Napolitani, o regnicoli, e che debbiano tutti li priori dare nota delli forastieri, che tengono né loro conventi, seu monasteri, e questa nota si debbia fare convocato capitolo; verum a rispetto del real convento di S. Agostino di questa fedelissima città, si debbia osservare la real carta di Sua Maestà cattolica, e decreto del spettabile reggente Casanate, interposo anco in esecuzione di quella, e li superiori, ed officiali siano figli di dette case, riserbata però la riverenza dovuta al sommo Pontefice. Per lo che tocca a noi ci è parso concedere, siccome con questa concedemo, conforme si domanda, e per lo dippiù se ne supplicherà Sua Santità.

19. Item, che sia lecito, e si possa fabbricare in tutti li

luoghi proibiti dentro e fuori là città, non ostante la proibizione per il passato per le fabbriche fatte per il passato sino al presente giorno in detti luoghi proibiti, e non si possano molestare li padroni di quelle, nemmeno li fabbricatori, ed altri inquisiti per detta causa, rimettendo tutte le pene, nelle quali vi fussero incorsi per la causa predetta. Ci è parso concedere, siccome con questa concedemo, conforme si domanda.

20. Item, l' indulto conceduto a Napolitani, s' estenda anco a quelli, che si ritrovano con il mandato a bocca, o con plegiarie, ancorchè incusate, e poste nel libro dell' inferme. Ci è parso concedere, siccome con questa concedemo, conforme si domanda.

21. Item, che s' osservino tutti li capitoli, grazie, capitulazioni e privilegi concessi dalli serenissimi Rè, ed eccellentissimi Vicerè alli officiali, e lavoranti della regia zecca delle monete. Ci è parso concedere, siccome con questa concedemo, conforme si domanda.

22. Item, che si ricevano da questa fedelissima città per padroni e protettori di questa fedelissima città il glorioso patriarca S. Agostino, dottore della chiesa, S. Nicolò To-

lentino, la gloriosa S. Teresa de Scalzi Carmelitani, il glorioso S. Onofrio, portandosi le statue con le reliquie nel tesoro della fedelissima città; e che la chiesa di S. Onofrio di questa fedelissima città si mantenghi nella possessione nella quale si ritrova, non ostante la cite: ed anco si ricevano per padroni e protettori di questa fedelissima città S. Ignacio Loyola, e S. Francesco Xaverio, S. Nicolò di Bari, S. Francesco d'Assisi, S. Paolino Vescovo di Nola, e S. Biase. Ci è parso concedere, siccome con questa concedemo, conforme si domanda.

23. Item, V. E. resti servita in nome di S. M. cattolica concedere, e far grazia a detto fedelissimo popolo, che nel real monastero di S. Martino de reverendi padri Certosini posto nel monte di S. Elmo vicino il regio castello detto di S. Elmo, in nessun futuro tempo, e per qualsivoglia causa, o pretesto, nè anco per ragion di guerra, fortificazione, o sicurtà di detto regio castello di S. Elmo, si possa o si debbia fare innovazione, mutazione o fabbrica alcuna, non ostante l'ingresso nel detto real monasterio della gente di milizia di esso fedelissimo popolo, ed altre operazioni qualsivoglia fatte per difesa di quella, et per custodia di detto fedelissimo popolo come tutto successo de facto, ed a viva forza militare, alla quale essi reverendi padri non poterono

resistere; e che detti padri non si possano amovere da detto monasterio, come al presente si ritrovano, e così anco s' intenda per l' altri monasteri, e luoghi, dove si fosse entrato, o fatto il medesimo. Ci è parso concedere, siccome con questa concedemo, conforme si domanda.

24. Item, che ne' luoghi, dove si è fortificato detto fedelissimo popolo per defensione, e manutenzione de' suoi privilegi, e buon vivere, non si possa per Sua Maestà cattolica, e suoi ministri in nessuno futuro tempo, nè per qualsivoglia causa, o pretesto fare fortificazione, innovazione, o fabbrica alcuna. Ci è parso concedere, siccome con questa concedemo, conforme si domanda.

25. Item, che resti D. Francesco Toraldo d' Aragona, principe di Massa, gobernatore dell' armi del fedelissimo popolo di questa fedelissima città, ed Ottavio Marchese resti generale dell' artiglieria con li loro soldi, e di più : che resti il delegato concesso da Sua Maestà a detto ilustre principe di Massa, il quale debbia procedere in tutte le sue cause, ed etiam a quella che tiene contro l' ilustre principe di Satriano, inteso però il regio fisco della regia camera. Ci è parso concedere siccome con questa concedemo, conforme si domanda. E per Ottavio Marchese se ne supplicherà S. M.

26. Item che li capitani di giustizia debbiano essere solo li padroni ad esercitare, escludendone per sempre gli affittatori, accio non succedano le solite estorsioni. Ci è parso concedere, siccome con questa concedemo, conforme si domanda.

27. Item, che si debbiano mutare tutti gli algozini di vicaria, ché al presente sono, e si debbiano fare gli altri, non inquisiti con li loro soliti requisiti, li quali s' abbiano da vedere, e ammettere per la piazza del fedelissimo popolo, e darli al reggente della Vicaria per la confirma. Ci è parso concedere, siccome con questa concedemo, conforme si domanda.

28. Item, che li capitani di giustizia non possano essere creati capitani di fanteria della leva del fedelissimo popolo, e nelle compagnie di esso non si debbiano assentare gli algozini di vicaria, tanto quelli, che sono stati per il passato, quanto quelli che saranno per l' avvenire. Ci è parso concedere, siccome con questa concedemo, conforme si domanda.

29. Item, che essendo finito il tempo dell' instituzione, ed erezione del tribunale della reverenda fabbrica di S. Pietro di Roma, detto tribunale si dismetti, ed in caso, che

non fusse elasso detto tempo, o vero non fusse temporanea
la sua erezione, per evitare li danni, che si possano per l'
avvenire sentire in questa fedelissima città e regno, si debbiano moderare la tassa delle spese, e diritti di detto tribunale della rever. fabbrica, con intervento di due dèpu-
tati della piazza di esso fedelissimo popolo, e farsi anco il
registro delli decreti, e vedersi detta instituzione, e dopo
ogni tre anni si debbia rivedere l' osservanza di detta tassa,
supplicando S. E., si degni interponere le sue parti con
Sua Santità. Ci è parso concedere, siccome con questa concedemo per lo che tocca a noi, e per lo che tocca a Sua Santità, si provvederà da esso.

30. Item, che il regio protomedico abbia da essere nativo
napolitano, o oriundo, tantum, con l' istesse prerogative,
ed emolumenti, che se li davano anticamente. Verum a
rispetto delli otto, o due delli speziali di medicina, possano
essere non solo napolitani orti, ed oriundi, ma anco regnicoli, non ostante che si fosse altrimente disposto; verum in
parità di voci siano sempre preferiti li napolitani. E detto
protomedico uniti con li otto, e due del collegio dell' arte
della medicina, debbiano tassare le liste, e l' esecuzioni di
essi si facino per li giudici competenti; e detti otto, e due
non possano esser assunti in detto officio, solo dopo tre

anni finiti, elasso l' anno della prima amministrazione. Ci è parso concedere, siccome con questa concedemo, conforme si domanda.

31. Item, perchè detta piazza di fedelissimo popolo nella processione, che si fa ogni anno del Santiss. corpo di nostro Signore Gesù Cristo, non era onorata fuorchè di una sola asta del pallio, conforme ad una sola voce, o voto, che teneva detta piazza; al presente essendo stata reintegrata nelle cinque antiche voci, o voti, supplica S. E. si compiaccia d' onorarla anco di altrettante aste di detto pallio, da portarsi per le persone di detta piazza deputande dall' eletto del popolo; e cosi debbia inviolabilmente osservarsi in tutte le altre processioni, funzioni, ed azioni sacre, che occorreranno farsi publicamente in nome, e sotto forma di Città, overo tante aste di detto pallio, quante saranno, o resteranno quelle delli seggi. Ci è parso concedere, siccome con questa concedemo, conforme si domanda.

32. Item, perchè nel viceversi li reverendissimi arcivescovi di questa città la piazza del fedelissimo popolo non avea parte alcuna, si supplica S. E. concedere a detta piazza del fedelissimo popolo poter portare cinque aste del pallio, col quale suole onorarsi detto reverendissimo pas-

tore, secondo l' istessi numeri di voti, o voci, come di sopra, acciò con detto segno venghi a mostrare l' affetto grande, che porta al suo amatissimo pastore. Ci è parso concedere, sicome con questa concedemo, conforme si domanda.

33. Item, che l' istessa equalità di voti o voci abbia e goda la piazza del fedelissimo popolo in tutte le deputazioni, o consessi stabiliti, e che in futurum si avessero da stabilire in tutti, e qualsivoglia negozi attinenti a detta fedelissima città, in modo tale che sia sempre eguale di voti, o voci detta fedelissima piazza del Popolo. Ci è parso concedere, siccome con questa concedemo, conforme si domanda.

34. Item, che il primario delli negozi degli apprezzi sia una volta delli seggi, e un altra volta del fedelissimo popolo, e cosi anco il giustiziero una volta sia del fedelissimo popolo, ed un altra delli due seggi, quali offici debbiano durare per un anno, e si debbiano provedere una volta in persona delle persone del popolo, ed un altra volta in persona di uno delli seggi, conforme stà conceduto a rispetto del sindico; e detti offici si debbiano provedere nelle persone di detto fedelissimo popolo in questa prima

volta. Verum l' officiali del regio giustiziero da oggi avanti debbiano solo essere due persone per ottina, di buona
fama, timorose di Dio, e non inquisite, nè suddite, e debbiano durare per sei mesi. Ci è parso concedere, siccome
con questa concedemo, conforme si dom anda.

35. Item, che nella mastria, e goberno della Santissima Annunziata di Napoli, esercitata cosi dal mastro, seu
gobernatore di Seggio Capuano, come da quelli della piazza del fedelissimo popolo, possano entrare ad amminis-
trare, e concludere li gobernatori del fedelissimo popolo
di detta casa santa, essendo però di numero opportuno, e
nelle giornate, ed ore stabilite, ancorchè non intervenghi
il mastro del Seggio Capuano, o che sia presente, e non
concorra ; e detto governatore di Capuano abbia una voce
conforme ciascheduno del popolo, intanto che s' esequi
inviolabilmente quel che la maggior parte conclude, ancorchè contraddichi il governatore di Seggio Capuano; e
di più l' amministrazione delle confidenze, purchènon
contraddichi la voluntà del testatore, e del banco di detta
casa santa si debbia fare tanto per lo mensario, che pro
tempore sarà dalli quattro gobernatori del popolo, quanto
ancora per li governatori di Capuano, confirmarsi per
tutti le due cartelle de' pegni polizze mandati, colletini di

pagamenti, e qualsivoglia altra scrittura, e debbiano godere equalmente le prerogative, preminenze, elemosine se-
crete, torcie, maritaggi, offici, anco di mercugliano, intanto che non possa godere il governatore di Capuano
maggioranza nessuna di detti onori e prerogative, se non
quanto gode ciascuno di detti governatori del popolo ; e che
la Rota dell' udienza debbia esser tonda, con ponersi il
campanello in mezzo, acciò si possa sonare da tutti nell'
occorrenza, e con li calamari d' argento a ciascheduno
delli governatori, non ostante che per il passato si sia altrimente osservato ; e che la chiave delli censali s' occupi per
il gobernatore del popolo della prima seggia, senza che
debbia intromettersi nella distribuzione della detta chiave
il gobernatore di Capuano ; e di più che tutte le mastre e
goberni d' altri luoghi pii debbiano durare per li tempi stabiliti. Ci è parso concedere, siccome con questa concedemo, conforme si domanda.

36. Item, che S. E. si degni restituire in nome di S. M.
cattolica, et quatenus fusse necessario, di nuovo concedere
alla piazza di detto fedelissimo popolo il Seggio da co-
struirsi nella strada della Sellaria, ove anticamente reside-
va, nel quale si possi anche congregare, e trattare tutti li
suoi affari e negozi. Ci è parso concedere, siccome con
questa concedemo, conforme si domanda.

37. Item, che gli officiali, che amministrano giustizia, di qualsivoglia tribunale, debbiano abitare dentro le mura di questa fedelissima città di Napoli. Ci è parso concedere, siccome con questa concedemo, conforme si domanda.

38. Item, che tutti li negozi del S. Consiglio di Capuano, della regia camera, e delli altri tribunali, si debbiano attitare dalli attuari, e scrivani ordinari di essi regi tribunali, con reintegrare li negozi alli mastri d' atti di essi tribunali, conforme per prima, non ostante che si sia pratticato il contrario con pretesto di attuariato assunto, o di vendite fatte di essi attuariati per le regie gionte, o per altri tribunali, o superiori; e cosi anco li negozi, che si trattano avanti il spettabile Reg. di vicaria si debbiano attitare per tutti li mastri d' atti, e attuari di detta gran corte, da dividersi per tutti li mastri d' atti di detta gran corte facendo ciascheduno il suo mese. Ci è parso concedere, siccome con questa concedemo, conforme si domanda.

39. Item, che la provista del pane si debba fare solo per l' eletto del fedelissimo popolo. non ostante che da alcuni anni in qua si sia osservato il contrario e questo oltre le altre sue prerogative. Ci è parso concedere, siccome con questa concedemo, conforme si domanda.

40. Item, che per l' avvenire non si mandino capitani a guerra nelle terre, luoghi, e città del regno, quali terre e luoghi da loro medesimi si debbiano guardare. Ci è parso concedere, siccome con questa concedemo, conforme si domanda.

41. Item, che per l' avvenire nessuno napolitano si mandi in galera de facto, e loco depositi, vel carceris, ma si spedischi di giustizia, eccettuandone però gli accordi voluntari. Ci è parso concedere, siccome con questa concedemo, conforme si domanda.

42. Item, che per l' avvenire tutti gli officii, che tengono salario, tanto in questa città, come nelli banchi, e luoghi pij, ei debbiano conferire a Napolitani nativi, ed oriundi del popolo, e similmente l' officio di carceriere maggiore della gran corte della Vicaria si debba conferire a napolitani, come di sopra. Ci è parso concedere, siccome con questa concedemo, conforme si domanda.

43. Item, che tutti li casali di detta fedelissima città in ogni futuro tempo debbiano essere, e stare in domanio, non ostante qualsivoglia alienazione, vendita, o donazione in contrario fatta, quali si declarano nulle, anco in conformità delle grazie sopra ciò fatte per il Serenis. Rè cattolico,

confirmate per la Cesarea Maestà di Carlo V. Ci è parso concedere, siccome con questa concedemo, conforme si domanda.

44. Item, che li dottori napolitani, e regnicoli non si debbiano per l' avvenire esaminare, non solo quando vogliono esercitare la procura, ma nè anco volendo esercitare offici regi, o baronali qualsivoglia, ancorchè fosse regia audienza, e giudicati di vicaria, purchè siano dottorati in Napoli, e però resti estinta la gionta dell' esame de dottori, conforme sono estinte l' altre; e che venendosi a far relezione in consiglio in gradu appellationis delli decreti fatti per l' almo collegio de dottori di questa fedelissima città di Napoli, debbia sedere il relatore, come sede il giudice del gran almirante. Ci è parso concedere, siccome con questa concedemo, conforme si domanda.

45. Item, che circa li diritti delli pesi, statere, e misure, che si portano nella regia zecca, si debbia osservare la forma antica dell' instituzione di detta regia zecca, quali tenghi peso di sibire l' efficiale, a chi spetta esigere detto diritto, altrimente sia obligato zeccare senza esazione alcuna. Ci è parso concedere, siccome con questa concedemo, conforme si domanda.

46. Item, che li capitani di giustizia debbiano segnare le case per servizio delle loro guardie nelli mesi di Gennaro, e Febbraro, di quelle però dove stanno le cartelle per locarsi; con che il pigione solito pagarse, e non meno si debbia pagare per il medesimo capitano. Ci è parso concedere, siccome con questa concedemo, conforme si domanda.

47. Item, che stante, che sono levate tutte le gabelle, dazi, arendamenti di qualsivoglia sorte, ed imposizione nelli precedenti capitoli, e grazie concesse da S. E. in nome di S. M., per maggior soddisfazione del fedelissimo popolo si dichiari, che fra quelle s' intendano anche levate quelle della mezza annata; che si pagaba per ciascheduno officiale con la sua delegazione di detta mezza annata, le cinque cinquine, che si paga per la supplica, li diritti imposti per metà più per le pene delle nullità, e sospezioni d' officiali, diritti del registro delle plegiarie, e sentenze de S. R. C., e tutti gli altri registri, suggelli, e tutte le altre nuove imposizioni, anco servata la forma di detti nuovi capitoli, e grazie, ut supra, sempre s' intendano levati, ed anco che si levi il diece per cento delli ministri. Ci è parso concedere, siccome con questa concedemo, conforme si domanda; però circa la mezza annata, e diece per cento del-

li ministri, si sospenda per insino a tanto, che sarà altrimente da S. M. ordinato.

48. Item, si supplica S. M., cattolica, che trattandosi qualche differenza tra la piazza del popolo e regno, e tra le piazze de Seggi di questa città e regno nel regio collaterale conseglio, che si debbiano dare tanti ministri del popolo per aggiunti, quanti sono li reggenti di cancelleria de Seggi, e cosi anco ritrovandosi reggenti del popolo più delli reggenti de Seggi, si debbiano dare tant' altri ministri per aggiunte de Seggi ; e che li decreti che nasceranno da dette differenze, si debbiano registrare, e conservare da uno delli reggenti spagnuoli, e far libro aparte, quando il segretario non fusse spagnuolo. Ci è parso concedere, siccome con la presente concedemo, conforme si domanda.

49. Item, che qualsivoglia persona tanto titolata, quanto non titolata di qualsivoglia grado, stato e condizione si sia, non ardisca proteggere, nè rifuggiare forgiudicati, nè deliquenti di qualsivoglia delitto, del quale ne fussero giudicialmente attinti, nè darli aggiuto, nè favore, tanto in questa città, quanto per tutto il regno, con doversi osservare irremisibilmente la prammatica fatta dal signor duca di Medina. Ci è parso concedere, siccome con la presente concedemo, conforme si domanda.

50. Item, si supplica che non solo restino estinte le delegazioni, e regie gionte fatte da V. E., predecessori di V. E., ma anco da S. M. cattolica, ed anco de luoghi pii; ma restino solamente quelle di S. Eligo, casa e banco della Santiss. Annunciata, incurabili, S. M. di Costantinopoli, il monte della Misericordia, e nazioni veneziana, inglese, e fiamenga tantum, per l' esazioni tantum; ma tutti li negozi si trattino nelli tribunali ordinari, alli quali spettano. Ci è parso concedere, siccome con questa concedemo, conforme si domanda.

51. Item, che per osservanza ancora delli capitoli, privilegi, e grazie concedute per li predecessori Rè di questo regno, tutte le prelature, benefici cujuscumque ordinis et dignitatis, spettanti alla collazione e presentazione regia, perpetui, ed amovibili, sempre che vacaranno, si conferiscano, e si debbiano presentare a Napolitani e regnicoli, e non a forastieri; e quelle, che vacaranno in questa fedelissima città di Napoli si debbiano conferire a Napolitani nativi, ed oriundi tantum, supplicando che da ora si debbiano conferire l' amovibili cioè sacrestie, cappellanie, ed altri in persona di napolitani nativi, ed oriundi, tanto regi quanto anco quelle spettantino a governatori di luoghi pii di questa fedelissima città. Ci è parso concedere, siccome

con la presente concedemo per quello che a noi spetta; però a rispetto di quelli che spettano a S. M. cene daremo avviso.

52. Item, che si chiamino il spettabile nited Mola presidente della regia camera, ed Antonio Capobianco a dar conto dell'amministrazione per essi fatta delle compre, ed strazioni di grani. Ciò è parso concedere, siccome con la presente concedemo conforme si domanda.

53. Item, che li presidenti di Cappacorta della regia camera della Summaria non possano votare nelle cause dove si tratta articolo di legge. Ci è parso concedere, siccome con la presente lo concedemo, conforme si domanda.

54. Item, che s' osservi la grazia fatta nel parlamento generale fatto a 13 di gennaro 1639 a questa fedelissima città di Napoli, che l' espedizioni di cancelleria vadino con firma di S. E. e di due spettabili reggenti. Ci è parso concedere, siccome con la presente concedemo, conforme si domanda.

55. Item, che tutti gli officiali di qualsivoglia tribunale di questa città e regno, che non osservassero li presenti capitoli, grazie e privilegi, e ciascheduno di essi, restino

ipso jure, ipsoque facto privati de loro offici, con essere lecito alla piazza di esso fedelissimo popolo di eliggere sei deputati da mutarsi ogni sei mesi per l' osservanza e defensione delli suddetti capitoli, e ciascheduno di essi. Ci è parso concedere, siccome con la presente concedemo, conforme si domanda.

56. Item, che la interpretazione, moderazione, o altro che paresse espediente circa detti capitoli, e ciascheduno di essi, si debbia, e possa fare per la piazza di esso fedelissimo popolo, e questo in ogni futuro tempo quante volte li parerà, o piacerà. Ci è parso concedere, siccome con la presente lo concedemo, conforme si domanda; però si debbia fare con il nostro consenso, e non altrimente.

57. Item, si supplica, che tutte le suddette grazie si debbiano concedere per via di restituzione, confirmazione, nuova concessione, esenzione, inmunità, prerogativa, privilegio, e per ogni altro miglior modo più profittevole al detto fedelissimo popolo, ex certa scientia, motu proprio, matura deliberatione; et de plenitudine potestatis, supplendo anco de potestate dominica li difetti, nullità e cause qualsivoglia, che forsi ostassero, o impedissero l' osservanza di tutti li suddetti capitoli, e grazie, e ciascheduno di essi

ut supra; ed in caso d'ogni dubbio, che forsi accascarà, sempre s'abbia da interpretare ed intendere in beneficio ed utile del detto fedelissimo popolo, e non altrimente; ed il tutto concedere anco in nome di S. M., e con voto e parere conseglio ed intervento delli consegli collaterale, e di stato. Cio è parso concedere, siccome con la presente concedemo, conforme si domanda.

58. Item, che per la dispensa dell'età delli dottorandi si supplichi S. M., che debba far osservare la real carta dell' anno 1635, nella quale s'ordina, che si possa dispensare alli studenti che si vogliono dottorare, non ostante che non abbiano l'età d'anni ventuno, non ostante qualsivoglia altro ordine dopo spedito per detta prefata Maestà, etiam per lo corso dello studio. Ci è parso del contenuto nel sopradetto capitolo supplicarne Sua Maestà.

E volendo di nuovo consolare detto fedelissimo popolo, come si conviene, per la prontezza con che sempre ave accudito al servizio di Sua Maestà, e merita la sua fedeltà; ci è parso con il voto e parere del regio collaterale conseglio appresso di noi assistente, in nome di Sua Maestà cattolica concedere al detto fedelissimo popolo, siccome con questa concedemo per quel che a noi tocca, quanto in detti preinserti capitoli, e grazie si contiene, e conforme ci sono stati dimandati, justa loro forma, continenza, e tenore, ita et taliter, che cosi si debbano osservare, ed exequire, et in futurum avere il loro debito effetto, ed executione, con condizione però, che non s' abbia a fare da oggi avanti altro tumulto, e che tutte le cose si riducano allo stato, nel quale si ritrovavano nelli 20 del corrente mese d' agosto. Con dichiarazione, che li tumulti predetti s' intendano esser quelli, né, quali concorrâ convocazione, o commozione di popolo, ed in detto caso detti tumultuanti non si castigassero dal detto fedelissimo popolo, ovvero non si carcerassero, e portassero carcerati avanti di noi; non derogando al contenuto nell' altri primi capitoli, e grazie concesse, quali di nuovo s' intendano concedute; verum occorrendo qualche novità, lo debbano proponere al magnifico eletto del popolo, il quale lo debba riferire a noi, che segli farà complita grazia, e giustizia, che tale è nostra volontà, ed intenzione. Datum Neapoli in Castronovo. El duque de Arcos. Il principe di Cellammare. Gio : Tommaso Blanco marchese dell' Oliveto. Luccio Caracciolo di Torrecusa duca di Santo Vito. Achille Minutolo duca del Sasso. Pompeo di Gennaro duca di Belforte. D. Corone Capece Galeoto principe di Monteleone. Il reggente Antonio Caracciolo marchese di S. Sebastiano. Gio : Battista de Mari marchese d' Assigliano. Il marchese del Torello. D. Giuseppe Mariconda principe di Garauso, Diego Bernardo Zufia Reg. Mattias de Casanate Reg. Dominus Vicerex. Locumtenens, et capitaneus generalis mandavit mihi Donato Coppola.

NUMERO XVII.

Acte par lequel le Vice-Roi, duc d'Arcos, nómme Tuttavilla général de l'armée des barons.

Tome II, page 64.

D. Rodrigo Pónce de Leon, duque de la ciudad de Arcos, marques de Zara, conde de Bailen y Casares, señor de la villa de Marchena, virey, lugarteniente y capitan general en el reino de Napoles.— Por cuanto hemos mandado formar un ejército de la gente que han juntado los barones de este reino para oprimir las armas que ha tomado la plebe de esta fidelisima ciudad, oponiéndose a las ordenes y obediencia de S. M.; y no pudiendo asistir en persona a gobernarle, por hallarnos ocupados en otras cosas del real servicio, conviniendo nombrar persona de partes, autoridad y mucha platica de las cosas de la guerra, porque como nuestro vicario general y gobernador de las armas rija y gobierne el dicho ejército en la buena orden y disciplina militar, y disponga lo que se ofreciere, con la atencion que conviene al servicio de S. M.; concurriendo las que se requieren en vos, Vicencio Tuttavilla, del Consejo colateral de S. M., y su teniente general de la caballeria de este reino, con preeminencias de general de ella, y atendiendo a los méritos y servicios de vuestra casa, que tan aventajadamente ha servido en todas ocasiones a los Serenisimos Reyes de este reino, y a lo que vos a su imitacion lo habeis continuado muchos años a esta parte, sirviendo a S. M. con tanta aprobacion, de que tiene S. M. y sus ministros superiores tanta satisfaccion; hemos resuelto de nombraros, elegiros y diputaros por nuestro vicario general y gobernador del dicho ejército, porque como tal en nuestro nombre lo gobierne y tenga dispuesto para todo lo que juzgareis ser de mayor servicio y conveniencia de S. M. : concediéndoos en general y en particular toda la autoridad para poder indultar y dar perdon general a las ciudades, tierras y lugares, y demas personas, de cualquier delito, exceso y rebeldia en que hubieren incurrido, y castigar los que ós pareciere, con alojamiento de caballos é infanteria, y contra todos proceder de justicia, levato velo, por horas, y more bellico, hasta la sentencia, y su ejecucion inclusive. Y ordonemos y mandamos a todos los maestres de campo de infanteria española é italiana, y de cualquier otra nacion,

sargéntos mayores, capitanes de dicho ejército, castellanos
de pleito menaje, capitanes a guerra, audiencias y demas
ciudades, tierras y lugares de este reino, sus gobernado-
res, sindicos y electos, que os tengan, traten y respeten por
nuestro vicario general y gobernador de las armas del referido ejército; ejecuten y cumplan vuestras ordenes por
escrito y de palabra, como si de nos emanasen, y para lo
referido, anejo y dependiente, os concedemos y damos la
autoridad que tenemos de S. M. como virey, lugarteniente
y capitan general de este reino, sin reserva ninguna, para
declaracion de lo cual mandamos dar la presente firma-
da de nuestra mano, sellada con el sello de nuestras armas
refrendada de nuestro infrascrito secretario. — En Napoles a 16 de octubre de 1647. — El duque de Arcos. —
D. Jeronimo de Almeida, secretario.

NUMERO XVIII.

Lettre de Don Juan d'Autriche au généralissime du peuple.

Tome II, page 65.

He entendido del parroco de Santa Mária de la Cadena,
portador de este papel, la muestra grande de fidelidad que

ultimamente ha dado este fidelisimo pueblo, cortando las cabezas a tres hombres que intentaron oscurecerla, solicitando apellidase la corona de Francia, y ha sido tal mi estimacion de accion tan fina, que hallandome muy obligado a ella, y juntamente con sumo dolor de ver qué vasallos que proceden con tanta fineza. padezcan tales hostilidades.

Me ha parecido escribir yo a V. S. para que por su medio este fidelisimo pueblo hallara en mi toda benignidad y buena acogida en lo que me propusieren de su sosiego, nombrando para esto personas con quien se ajuste, que por la mia correra el negocio, y cesaran daños que con tanto sentimiento mio se ejecutan. Dios guarde a V. S. muchos años. — De esta Capitana, hoy domingo 13 de octubre de 1647. — D. Juan.

NUMERO XIX.

Réponse du généralissime du peuple à Don Juan d'Autriche.

Tome II, page 65.

Serenissimo Signore. La lettera di V. A. che mi ha dato il parrochiano di S. Maria della Catena questa mattina, ho mostrata alli capitani dell' Ottine, e consultori di questo fedelissimo popolo ; e gline ho consignata a fine, che pigliassero risoluzione del maggior servizio di Sua Maestà, e di V. A. ; e già s' incammina, ma con risoluzione, che non abbia da passare per mia mano cosa alcuna toccante la materia ; e cosi riferiscono a questo punto, aver riconosciuta la fedeltà, che sempre hanno dimostrata, e dimostrano verso Sua Maestà cattolica, e Vostra Altezza Serenissima, alla quale bacio per mille volte riverente le mani, e prego dal cielo ogni felicità. Li 14 di ottobre 1647. Di Vostra Altezza Serenissima, umilissimo e devotissimo servitore. — D. Francesco Toraldo d' Aragona.

NUMERO XX.

Sauf-conduit délivré par Don Juan d'Autriche.

Tome II, page 65.

Por cuanto conviene al servicio del Rey mi señor, que tengan pasar seguro cuatro personas, que esté fidelisimo pueblo de Napoles me enviare a conferir materias de su real servicio, ordonemos y mandamos a los cabos y demas

officiales de mar y tierra no le pongan impedimiento algu-
no en ida y vuelta. Dada en la Capitana real a 15 de octubre de 1647. — D. Juan.

NUMERO XXI.

Proclamation de Gennaro Annese.

Tome II, page 82.

Gennaro Annese, generalissimo del fedelissimo popolo
della città e regno di Napoli. Essendosi scoperti publici
tradimenti a questo fedelissimo popolo orditi da D. Francesco Toraldo, principe di Massa, ed in particolare l' aver
fatto svanire la mina fatta a S. Chiara di questa città dove
si sono ridotti inimici, oltre le lettere e corrispondenze a
cattivo fine trovatogli sopra; il medesimo popolo gli ha dato quella sepultura, che meritano le qualità del delitto, e
nel medesimo tempo ha acclamato, colla testa nelle mani,
e con un piede nella pubblica piazza del Mercato, a tre ore
di notte la nostra persona per suo generalissimo. Pertanto
ordinamo, sotto pena della disgrazia di questo fedelissimo

popolo, a tutti di qualsivoglia stato, grado e condizione si sia, che obbediscano la nostra sottoscrizione, e siglio, e riveriscano gli officiali creati per l' addietro, e nell' avvenire sotto pena della vita, e della confiscazione de beni, sino alli parenti in terzo grado de' trasgressori. Data nella fortezza reale del torrione del Carmine li 22 d' ottobre 1647. Gennaro Annese generalissimo del fedelissimo popolo. Vincenzo d' Andrea.

<hr>

NUMERO XXII.

Acte par lequel les barons reconnaissent l'autorité du général Tuttavilla.

Tome II, page 88.

Die vigesimo quarto mensis octobris, constituti in nostri præsentia excellentissimi et illustrissimi domini proceres, et magnates, et barones et patricii, et equites illustrissimarum, et excellentissimarum platearum nobilium fidelissimorum civitatis Neapolis, declaraverunt vulgari eloquio.

Come ritrovandosi l' Eccellentissimo signor D. Rodrigo Ponze di Leone, vicerè, luogotenente, e capitan generale del regno di Napoli, ristretto dentro del Castel nuovo per la ribellione commessa dalla plebe della fedelissima città di Napoli, la quale avendosi impadronita della porta di detta città, e tentato di appoderarsi, e di espugnare il regio castello di S. Elmo, commettendo incendi, furti, rapine, sagrilegi, ed omicidi, usando atti atrocissimi e barbari, non più intesi, nè mai immaginati, e commettendo manifestissimi atti di ribellione contro di S. M., avendo da più e diverse parti battuto con artiglieria non solo il regio palazzo e Castel nuovo, dove si trova la persona di detto Eccellentissimo signor vicerè, ma anco l'armata reale, dove si ritrova il Serenissimo D. Giovanni d'Austria, usando tutti li atti inumani, barbari e crudeli, che da qualsivoglia barbara gente non sariano mai stati immaginati. E volendo detti Eccellentissimi Illustrissimi signori proceres, magnates, e baroni accudire con quella fedeltà, che devono al servizio del Rè nostro signore, e colla solita finezza, e pronta volontà, che hanno sempre dimostrato verso Sua Maestà in avere avuto l'avviso dell'appretto, in che si trova detto Eccellentissimo signor vicerè, ed all' urgenza dello stato delle cose, hanno lasciato subito le proprie case, e tutti li loro propri stati e terre esposte a qualsivoglia accidente che potesse portare il tempo, essi sono conferiti in questa città d'Aversa, piazza d'armi

destinata dal detto Eccellentissimo signor vicerè, per accudire colle proprie vite al real servizio. Per il quale si sono
anco contentati lasciare pure ogni punto di preminenza e
precedenza, che li spetta. E mirando solo al servizio di
Sua Maestà, urgenza, bisogno, e conservazione del presente regno, e della quiete universale, e per liberare dall'
oppressione, tiranide, e barbarie, la quale sta oggi attualmente patendo la detta città di Napoli, e la nobiltà di tutto
il regno : hanno però di comun volere, con assenso pres-
tito dal detto Eccellentissimo signor vicerè, eletto per l'
amministrazione delle cose della milizia, e guerra delle
armi del baronaggio, convocato in questa città d' Aversa,
piazza d' armi destinata da S. E. il signor Vincenzo Tuttavilla, cavaliere di Seggio di Porto, del consiglio collaterale
di S. M. e suo tenente generale della cavalleria. Contentan-
dosi di stare, ed obbedire all' ordine di quello nell' amministrazione delle cose della guerra, come governadore
da loro deputato, concedendogli per quello, che a loro
aspetta, per l' esecuzione predetta, e per servizio di Sua
Maestà, conservazione del regno, e sollevazione e libera-
zione di detta città tutta l' ampiezza d' autorità e potestà,
con tutte quelle preminenze e prerogative che per esercitare simile carica in caso di tanta importanza ed urgenza
si richiedono; salvo sempre e reservato l' assenso e bene-

placito di detto Eccellentissimo signor D. Rodrigo Ponze di Leon, nostro vicerè, e capitan generale. Cosi confirmano, e si obbligano etc. etc. etc.

NUMERO XXIII.

État des forces commandées par les barons.

Tome II, page 88.

ESTADO DE LA FUERZA CON QUE CONCURREN LOS BARONES AL EJÉRCITO DEL REY NUESTRO SEÑOR, HOY 24 DEL MES DE OCTUBRE DEL AÑO 1647.

	Cavalli.	Tanti.
Del marchese del Vasto, e suo fratello inclusa la sua compagnia d' uomini d' arme, e di Zagarola. . . . . . num.	190	220
Del duca di Maddaloni . . . . . . n.	350	242
Del duca di Jelsi, e del principe di Torrino. . . . . n.	146	»
Del principe di Colobrano . . . . n.	24	»
Del duca di Oliveto . . . . . . n.	24	»
Del duca di Sora. . . . . . . n.	60	60
Del duca di Marianella, e del principe di Sant' Arcangelo, tra la gente de'		

quali vi erano settantadue Aleman-
ni, e venticinque della compagnia
di leva del Marianella. . . . . . n.   37   100
Del duca di Vairano. . . . . n.   15   »
Del duca di Marzano. . . . . . . n.   18   »
Di D. Alfonso Picolomini.
Del duca di Sejano, e . . . . . . n.   70   50
Del marchese di Trevico .
Del marchese di Paglieta . . . . . n.   10   »
Del principe di Minervino . . . . . n.   :   »   70
Del principe di Montesarchio, la cui
milizia stava nella Serra, inclusavi
la sua compagnia d' uomini d' arme,
ed altri 70 uomini pagati dal Mi-
nervino. . . . . n.   130   70
Questa cavalleria tutta quasi consiste
di gente bandita, e del battaglione.
Del principe della Torella.
Del marchese di Santo
Mango . . . .
Di D. Carlo Acquaviva . . . . . . n.   70   60
Di D. Geronimo della Mar-
ra, e
Di. D. Diego della Marra.

Del duca di Martina . . .			
Di D. Luigi Minutolo. . .			
Del marchese di Grottola.	. . . n.	50	12
Di D. Francesco Caracciolo			
e di Fra Prospero Galva.			

Del principe di Supino, la cui gente si
  trova nella Serra sotto il comando
  di D. Vincenzo suo fratello . . . n.   40   »

Del marchese di S. Lucito . . . . n.   30   »

Del conte di Santa Maria in Grisone
  venato . . . . n.   6   6

Del duca di Rosito Brancia. . . . n.   4   »

Gente del Re.

La comp.ᵃ del battaglione di Caserta. . n.   27   »

Di Jeano. . . . . n.   6   »

Di Aversa . . . . n.   200

Quella di cavalli di S. E. . . . . n.   80   »

La cavalleria di leva e Borgognoni. . n.   390   »

La compagnia de' Croati. . . . . n.   24   »

Le compagnie della Sacchetta, delli
  capitani Rencone, Joffeti, e di Don
  Baldassar del Varo. . . . . . n.   54   »

                             n.   1855   1080

NUMERO XXIV.

Proclamation de Gennaro Annese.

Tome II, page 102.

Gennaro Annese generalissimo di questo fedelissimo popolo e regno di Napoli. Perchè ci è venuto a notizia, che alcune persone inimiche di questa inclita repubblica napolitana vanno seminando molte zizzanie, ed inquietando la gente, dandole ad intendere, che le lettere venute dall' ambasciadore del cristianissimo Rè siano finte, e che perciò non si debbia loro dare credito; e questo lo fanno per mettere dissensioni e risse fra' cittadini : però per evitare questi inconvenienti, si ordina e comanda sotto pena della vita, e confiscazione de' beni, che da oggi avanti nessuna persona di qualsivoglia stato, grado, e condizione si sia, ardisca di andare dicendo simile cosa, inquietando detto popolo ut supra; che altrimente si esequirà detta pena con dar la terza parte de' beni all' accusatore, che lo ponerà in vero. Dato in Napoli a 29 di ottobre 1647. — Gennaro Annese.

Nous plaçons à la suite de cet appendice le dernier chapitre des Mémoires du comte de Modène sur l'insurrection napolitaine. Peut-être ne
lira-t-on point sans intérêt ces quelques pages où le gentilhomme français, le fidèle compagnon du duc de Guise apprécie, en contemporain, les
hommes et les événements qu'il avait vus de si près.

Si sa haine profonde contre les Espagnols imprime parfois à son jugement une partialité dont nous croyons loyal d'avertir le lecteur, la justice
qu'il rend à leur valeur et à leur constance, acquiert aussi sous sa plume
un double poids.

Diverses Réflexions touchant les révolutions de Naples, et sur la conduite de ceux qui y ont eu quelque part.

. . . . , ...

Il est certain que la Valeur, la Prudence et la Fortune sont les trois principales causes de ces heureux évènements qui changent la face de l'Vnivers et de ces révolutions qui font passer les sceptres d'vne maison dans vne autre, ou qui d'Vn Estat Monarchique en font Vn Républiquain, ou d'vne République vne Monarchie. On remarque que dans ces grands desseins, tantost la Fortune et tantost la valeur en dresse le plan ; mais que c'est toûjours la Prudence qui, par des traits moins éclattans, mais plus durables que ceux des autres, perfectionne ces ouvrages. On n'en voit point de finis si ces trois maistresses du monde n'y concourent ; mais surtout cette dernière en ménageant et guidant ces deux autres, qui sont souvent aveugles, les fait arriver par son art au but désiré. On reconnoistra cette vérité dans toutes les Histoires antiques et modernes, et l'on trouvera que dans les entreprises de cette sorte, celles que la valeur

et la fortune ont commencées avec autant de bruit que
d'éclat ont échoué si la prudence n'y a mis la dernière
main. Les Révolutions de Naples nous le font voir bien
clairement, et il ne sera pas difficile de le juger si l'on fait
quelques réflexions sur la naissance de ces troubles et sur
leur fin. Examinons donc la conduite des soûlevez et celle
de leurs ennemis, et nous verrons qu'encore que la fortune
et la valeur ayent pris le party des premiers, ils ont suc-
combé sous les autres pour n'avoir pas crû la Prudence,
laquelle fit triompher enfin par son adresse ceux dont le
bonheur et l'épée sembloient n'avoir plus de resource.

Si jamais on vit la fortune seconder le soûlèvement d'vn
Estat, ce fut sans doute celuy de Naples, puisqu'elle sembla n'épargner rien pour rompre le joug de ce peuple et
pour le mettre en liberté. On la vit, dès l'origine de ces
troubles, marcher à la teste d'vne foule de petits gueux
armez de bastons et de cannes, guidez par vn homme de
la lie du peuple, sans expériance et sans jugement, quand
cette ridicule milice désarma les Gardes du Duc d'Arcos,
s'empara de son Palais, le força de l'abandonner, et osa
mesme saisir ce Viceroy par les moustaches. On la vit paroistre au milieu de cette grande multitude de séditieux
qui, encouragez par l'heureux succès des Lazzares, prirent les armes, se rendirent presque les maistres de cette

ville malgré la résistance des Espagnols et les forces de la Noblesse, et par leur exemple obligèrent les provinces de ce Royaume d'en faire autant et de secouer vnanimement le joug du roy catholique. On la vit du costé d'vn peuple divisé par cent factions, trahy par plusieurs de ses Chefs, sans ordre, sans pain, sans argent, sans munitions et sans assistance; lequel pourtant, avec tous ces avantages, ne laissa pas de résister à l'vn des plus grands Rois du monde durant l'espace de neuf mois. Si dans ces révolutions la Fortune se déclara pour ce party, la valeur n'en fit pas moins et monstra hautement la part qu'elle prenoit en cette cause.

Quoy qu'elle n'y parùt pas de la manière qu'on la vit autrefois avec les Phalanges Grecques et dans les Légions Romaines, et comme on la voit encore en ce siècle parmy des trouppes disciplinées, elle ne laissa pas de se faire voir dans plusieurs occasions importantes, mais surtout dans cet assaut général que Dom Iuan d'Autriche fit donner aux quartiers soûlevez un peu après son arrivée à Naples, où ce peuple, quoy que surpris et conduit par un Chef perfide, repoussa avec tant de vigueur et de carnage ces bonnes trouppes et cette brave Noblesse Espagnole qui le suivoient.

Mais si la fortune et la valeur ont paru avantageusement durant ces troubles en faveur des Napolitains soûlevez, la Prudence a eu si peu de part dans cette grande entreprise qu'on a peine d'y reconnoistre les moindres marques de son art. On le peut juger facilement par les divers objets que le peuple de cette ville et celuy des Provinces eurent dans leur soûlèvement; bien loin de suivre les leçons de cette vertu qui ne marche qu'à pas comptez et qui regarde incessamment l'vnique but qu'elle a pris sans jamais prendre le change : dès l'entrée de sa carrière, les Napolitains, suivant cent différens desseins, firent voir qu'ils n'en avaient point de certain. Le premier qu'ils firent paroistre dans le commencement des troubles fut la simple abolition de la Gabelle des fruits : de celle des fruits ils passèrent à celle de tous les impôts faits depuis l'Empereur Charles-Quint. Jusques-là ils semblèrent suivre leur première pointe; mais ils se lassèrent bien tost, et au lieu de se prévaloir des avantages que leur donnoit la consternation et la faiblesse des Espagnols (lesquels, dans cette occasion, eussent remis entre leurs mains le château San : Elmo et tout ce qu'ils eussent voulu pour caution de leur repos), ils tournèrent toute leur fureur contre cette Noblesse dont ils devoient plûtost rechercher la jonction que la ruine.

Ie ne sçay pas si elle les eut écoutés dans cette occasion; mais chacun sait qu'elle avoit assez de motifs de

se plaindre des Espagnols qui ne la traitoient guères
mieux qu'ils ne traitoient les peuples, et il est apparent
que si elle n'eut pas voulu se déclarer, ny se joindre alors
aux Napolitains, du moins elle ne se seroit pas si fort in-
téressée dans la cause des Espagnols, comme elle fit quand
le désir de se venger des affronts de la populace la força
de prendre les armes et de faire naistre vne guerre entre
les membres de l'Estat lorsqu'il les falloit réunir pour
concourir au bien commun.

Ayant poussé durant quelques jours la Noblesse, et
convié par leur exemple les autres peuples des Provinces d'en faire autant, ils s'acharnèrent aux Espagnols,
et attaquant ceux-cy et les Nobles en mesme temps,
ils réünirent ensemble ces deux corps qui n'avoient pas
beaucoup de confiance auparavant l'vn pour l'autre. Alors
que, par vne extravagante et cruelle pudeur, on leur vit
massacrer les Espagnols, et crier vive Espagne; mais cela
ne dura guères, et leur besoin les contraignant de recourir à l'assistance de la France, ils appelèrent le Duc de
Guise, espérant que par luy ils obtiendroient de cette couronne les secours qu'ils s'en promettoient.

Ce Prince arrivé dans la ville, et reçu comme Envoyé du
Roy très-Chrétien, on vit paroistre, peu de jours après,
l'armée Navale qui faisoit toute l'espérance et toute la

consolation de ce peuple affligé et accablé de cent misères; mais son aspect, au lieu d'apporter le soulagement
désiré depuis tant de mois, ne servit qu'à donner de ridi-
cules ombrages. Ce fut alors que l'inconstance Populaire fit
voir vn de ses plus étranges effets en faisant changer tout à
coup d'objet à cette populace qui se donna entièrement au
Duc de Guise sans se mettre en peine de la retraite d'vne
flotte qu'elle avoit si fort souhaittée.

Le Duc de Guise déclaré Chef d'vne République qui n'estoit pas encore en Nature; cette multitude innombrable de
gens qui l'avoient proclamé Duc suprême et qui l'eut
mesme appelé Roy dans ce moment s'il eut voulu, et sans
avoir examiné s'il eut pû maintenir ce titre, fit connoistre
par les factions qui la divisoient que c'estoit vn corps mons-
trueux, et composé de testes dont les vnes vouloient le
changement de maître, les autres la réformation et non
le changement de l'Estat et, la plus grandé partie, le liber-
tinage, sous couleur de la liberté. Par ces réflexions, on
peut juger que la Prudence n'eut point de part en ce dessein qui fit tánt de bruit dans l'Europe et, qui n'ayant esté
formé et conduit que par vne fortune aveugle et par vne
valeur qui tenoit de la fureur plus que de la raison,
échoua malheureusement n'estant pas soustenue par la
prudence.

Si la populace périt par son imprudence, ses Chefs se perdirent aussi par cette voye. Masanielle ayant réduit, par vn bonheur extraordinaire, les Espagnols à luy donner la carte blanche, périt et fit périr le peuple pour ne s'estre pas servy de l'avantage qu'il avoit d'establir le repos et de l'asseurer par la reddition du chasteau San : Elmo, lequel estant entre les mains du peuple eut forcé les Espagnols de tenir tous les traittez faits avec eux.

Le Prince de Massa périt pour avoir eu deux objets divers à la fois : il ne manqua pas de fortune, il ne manqua pas de valeur ; mais il manqua de prudence quand il cru^t pouvoir servir sans danger deux partis contraires. Aussi, sa mauvaise conduite luy fit voir bientost son erreur, et son exemple fit juger qu'vn Hermaphrodite d'Estat ne sauroit estre de durée.

Gennaro Annésé se perdit par ses irrésolutions et pour n'avoir point eu de but dans sa balance conduite. La consternation où les Chefs du peuple se virent après la mort du Prince de Massa donna lieu à son ambition de se saisir d'vn Gouvernail si périlleux pour ses Pilotes, qu'il laissa peu après aussi facilement qu'il l'avoit pris ; et le défaut de mérite luy fit perdre alors ce que l'excès de son bonheur et de sa témérité lui avoit acquis.

Renfermé dans le Torrion des Carmes, il fut fort longtemps à rechercher les François et les Espagnols sans se pouvoir déterminer, et quoy qu'il eut plus de penchant pour les François, il fut enfin contraint de se soûmettre à la mercy de ses plus cruels ennemis qui, après la réduction de Naples, l'ayant trouvé saisi d'vne lettre qui le convainquoit d'une intelligence avec les François, le firent mourir publiquement.

Tous les autres Chefs Populaires de la Ville et des Provinces périrent pour n'avoir pas eu vn but fixe et commun dans leurs desseins. En voulant faire la vangeance des cruautez et de l'avarice des Espagnols, la pluspart eurent pour objet les massacres et le pillage, et au lieu de ne songer qu'à la réformation ou au changement de l'Estat, ils ne pensèrent qu'à profiter du temps présent, à crier contre le passé et laissèrent au cas fortuit la conduite de l'avenir. Il ne faut donc pas s'estonner s'ils périrent tous dans les routes différentes qu'ils suivirent aveuglément, et si leur dessein ou plustost leur prétexte n'eut pas l'effet que tout le monde en espéroit.

Le Baron de Modène fit vn personnage assez considérable en ces révolutions pour paroistre dans ces remarques (1).

(1) On n'oublie pas que le Comte et le Baron de Modène sont un seul et même personnage. L'historien juge ici sa propre conduite.

La prise d'Averse, le blocus de Capouë et la réduction de tant de places et de terres qu'il soûmit, fit voir qu'il ne manqua pas de bonheur ny de résolution dans les fonctions de sa charge; mais il fit voir son imprudence en deux occasions notables. La première quand il s'éloigna du Duc de Guise qu'il sçavoit estre d'vne humeur volage, jalouse, ombrageuse et facile à croire, et qui se souvenoit peu des absents. La seconde quand il revint d'Averse à Naples, près de lui, pour s'exposer à la mercy de ses ennemis qui régnoient alors dans le cœur de ce Prince. Il n'avoit que trop de marques de leur haine et de leur crédit pour songer à ses seuretez, c'est-à-dire à se retirer du Royaume, où bien à s'aller cantonner, avec la meilleure partie des troupes qui dépendoit de lui, à Cajazzo, place forte, ou à Castel Vulturno, lieu dont il pouvoit s'emparer sans peine, et où il eut pû facilement procurer un débarquement favorable à l'armée de France qu'on vit peu après vers ces côtes.

L'amour qu'il avoit pour la gloire du Duc, et la confiance qu'il avoit en son amitié, furent causes de ces deux fautes, et quoy que par cette dernière il ayt souffert toutes les indignités et toutes les disgraces que l'on peut souffrir en l'honneur et en la personne, il s'est contenté du regret qu'a eu ce Prince de l'avoir traitté de la façon qu'il fit. Tout l'Hostel de Guise et presque tout Paris sçavent avec quelles tendresses et avec quelle confiance il le rappela près de luy quelque temps avant sa mort, que cet infortuné Gentilhomme a pleurée, et pleurera toujours par cette extrême affection qu'il avoit pour le Duc, plûtost que pour la perte qu'il a faite de plus de trente mille écus qu'il luy devoit depuis longtemps.

Le duc de Guise fit connoistre, pendant ces révolutions, que la fortune et la valeur favorisoient son entreprise. Son passage de Rome à Naples malgré vne armée Navale qui s'y opposoit puissamment, sa réception dans vne Ville qui l'appella sans le connoistre et l'adora en le voyant, son élévation dans le premier degré de l'Estat et qui sembloit si proche du throsne, l'attaque du Pont de Frignano et tant d'autres où son courage et son intrépidité parurent si hautement, sa durée dans vn poste fort élevé, mais fort glissant et exposé à tant de cruels ennemis, et le peu d'effet de tant d'horribles et secrettes conspirations contre sa vie le témoignèrent clairement; mais son imprudente conduite détruisit ce que sa fortune et sa valeur entreprenoient pour luy.

Cela provint de trois choses : la première de l'Indulgence qu'il eut pour Agostino de Liéto, et pour Girolamo Fabrani, ses Domestiques, lesquels, abusant de ses faveurs, disposoient à leur gré de toutes les charges les plus importantes , et les faisoient conférer, non à ceux qui avoient le plus de mérites, mais à ceux qui avoient le plus d'argent à leur donner, ce qui fit deux mauvais effets, l'vn qu'en préférant dans les emplois celuy qui donnoit le plus à celuy qui servoit le mieux, ce désordre causa beaucoup de confusion ; l'autre que leur avarice rendit le gouvernement du Duc odieux à ceux qui, en l'appelant à leur aide, croyoient qu'il purgeroit la Ville de ces crimes que l'avarice des Espagnols y avoit commis.

La seconde procéda de la facilité que naturellement il avoit de croire tout ce qui flattoit ses désirs et ses espérances ; ce fut par ce malheureux foible que les Espagnols trouvèrent le moyen de vaincre ce Prince que peut-estre ils n'eussent jamais pû surmonter avec leurs armes. Ce fut par cette secrette voye qu'Agostino Millo s'empara de son cœur, et qu'après luy avoir rendu suspects ses véritables serviteurs, il le livra entre les mains de ses ennemis.

La troisième vint de la grande confiance qu'il eut en soy-mesme et en sa bonne fortune. Son esprit, flatté du bonheur de ses premières avantures à son arrivée, se persuada qu'il auroit toûjours le vent en poupe et qu'il monteroit au comble de ses désirs sans aucune assistance estrangère. C'est ce qui luy fit oublier, peu après son arrivée

à Naples, les liaisons qu'il avoit prises avec le cardinal de Sainte-Cécile avant son départ de Rome ; et c'est
ce qui luy fit écrire à la Cour de France que, pour recon-
noissance de ses glorieux travaux ; il ne souhaittoit autre chose que de mettre une Couronne sur la teste de la
Demoiselle de Pons. Mais avec tous ces manquements, il y
a beaucoup d'apparence que s'il eut tant soit peu caché le
feu de son ambition, il fut arrivé à son but malgré toutes
sortes d'obstacles. En effet, si dès son entrée à Naples, il
eut feint de vouloir établir cette République si souhaittée
de chacun, il en eut esté fait le Chef par vn commun consentement ; Et gardant pour soy la plus noble et la plus
vtile partie de l'authorité souveraine qui est le commandement des armées, il en eut laissé la plus pesante et la plus
odieuse, qui est la Police et la Justice, à vn petit nombre
de Sénateurs qu'il eut presque tous nommez et qui l'eussent porté sur le throsne insensiblement et en réunissant
ensemble tous les membres de ce Royaume accoustumez
depuis tant de siècles à supporter la Monarchie.

Mais en y voulant monter dès son arrivée, sans assistance
et dans vn instant, ce dessein dénué de tous les moyens de
le pouvoir exécuter, parut vain à ses serviteurs, et ridicule
à ses ennemis, lesquels reconnoissans pourtant l'avantage
qu'ils recevroient d'entretenir ce Prince dans cette pensée,

lui firent perdre vne Couronne en la luy montrant de trop
près. Enfin, l'on peut conclure cette réflexion en disant
avec vérité : Que si dans les troubles de Naples le Duc de
Guise fut l'autheur de sa gloire et de sa fortune, il le fut
aussi de sa perte : Que pour avoir voulu régner trop tost,
et par soy mesme, il perdit vn Royaume : mais que ses
fautes toutefois sont en quelque sorte excusables, puisque
l'éclat d'vne Couronne a bien éblouy d'autres Princes qui en
estoient plus éloignez, et qu'on a lieu de le louer, si dans
les grandes entreprises vne tentative suffit pour immorta-
iser son nom.

Après avoir examiné la conduite des peuples soûlevez
et de leurs Chefs : il ne sera pas mal à propos d'examiner
celle des Espagnols et de leurs Partisans, pour faire vn entier jugement de cette célèbre entreprise. Le Duc d'Arcos
dans les principes du soûlèvement fit deux fautes considérables, la première de ne pas profiter des advis que tant de
Confesseurs et tant d'autres personnes luy donnoient du
mécontentement du Peuple dont il eut pû prévenir les
mauvaises suittes, pour peu qu'il eut témoigné de vouloir
soulager ses maux et de satisfaire ses plaintes. La seconde
fut de se laisser surprendre si honteusement par Maza-
nielle et par les Lazzares, dont l'insolence s'étendit jusqu'à
le prendre par la barbe et à le chasser du Palais. Mais si

sa prudence parut alors endormie, elle se réveilla bientost
à la mauvaise intelligence survenüe entre le Peuple et la
Noblesse : et les Négociations qu'il eut avec Agostino Millo,
pour l'obliger à détourner le Duc de Guise de la route qu'il
devoit suivre, firent voir que le Roy d'Espagne fut redevable
à ce Vice-roy de la conservation de ce Royaume.

D. Iuan d'Austriche à son abord fit vn manquement irré-
parable, par l'attaque Générale qu'il fit faire et dans laquelle il perdit non seulement la meilleure partie de son
armée et de sa Noblesse, mais encore l'amour et la confiance que tout ce Peuple avoit pour luy et lesquelles il luy
fut impossible de recouvrer, quelques peines et quelques
soins qu'il y prit. Le Comte d'Ognatte acheva par sa fortune ce que la Prudence du Duc d'Arcos avoit secrettement
commencé, quelque peu avant son départ. Il eut le bonheur d'arriver au point de la Maturité d'vn fruit tout prest
à cüeillir et qui ne luy cousta que quelques jours de peines
et d'application : Enfin cette bonne fortune qui suivit au
commencement la populace se rangea du costé des Espagnols, et leur prudence profitant de ses faveurs plus avantageusement que n'avoient fait les soûlevez et leurs chefs,
ils recouvrèrent par une sage conduite ce qu'ils avoient
perdu par vne mauvaise; et firent plus par leur adresse
qu'ils n'avoient fait avec leurs armes. Pour la Noblesse du

Royaume, il est certain que les Ministres d'Espagne eurent tout sujet de se louer de son courage et de sa fidélité. Elle servit à ses dépens, et fit voir dans ces conjonctures, que les personnes de naissance préfèrent toujours leur honneur à leur juste ressentiment; et que ce corps, le plus considérable de l'Estat, et qui n'estoit guères mieux traitté que l'autre, ne laissa pas en ce rencontre de s'acquitter de son devoir.

FIN.

(Voir l'Errata à la page suivante.)

FAUTES A CORRIGER.

TOME I.

Page 65, ligne 2, *Pedro*, lisez *Pietro*.

Page 73, ligne 6, *Madalloni*, lisez *Maddaloni*.

Page 144, ligne 7, *Giannetin*, lisez *Giannettino*.

Page 232, ligne 16, *le ruisseau* lisez *les ruisseaux*.

Page 246, ligne 4, *à la servir*, lisez *à le servir*.

TOME II.

Page 64, ligne 8, et partout où vous trouverez *Baya*, écrivez *Baia*.

Page 127, ligne 1, rayez *et*.

Page 184, ligne 22, *à grand' peine*, lisez *avec peine*.

Page 213, ligne 22, lisez *Don Diego*.

Page 261, à la fin du nº XIV, *Cansano*, lisez *Causano*.